梦山书系

《3—6岁儿童学习与发展指南》
教师实践案例

王 哼◎主编

海峡出版发行集团 | 福建教育出版社

图书在版编目（CIP）数据

《3—6岁儿童学习与发展指南》教师实践案例/王哼主编.—福州：福建教育出版社，2025.1

ISBN 978-7-5758-0214-7

Ⅰ.G612

中国国家版本馆CIP数据核字第20247B1E54号

《3-6 Sui Ertong Xuexi yu Fazhan Zhinan》Jiaoshi Shijian Anli
《3—6岁儿童学习与发展指南》教师实践案例
王哼　主编

出版发行	福建教育出版社
	（福州市梦山路27号　邮编：350025　网址：www.fep.com.cn）
	编辑部电话：010-62027445
	发行部电话：010-62024258　0591-87115073）
出 版 人	江金辉
印　　刷	福建省地质印刷厂
	（福州市金山工业区　邮编：350011）
开　　本	710毫米×1000毫米　1/16
印　　张	14
字　　数	192千字
插　　页	1
版　　次	2025年1月第1版　2025年1月第1次印刷
书　　号	ISBN 978-7-5758-0214-7
定　　价	43.00元

如发现本书印装质量问题，请向本社出版科（电话：0591-83726019）调换。

目录

游戏指导 / 001

宠物店 …………………………………………………………… 003
打捞落叶船 ……………………………………………………… 007
涂鸦区里乐趣多 ………………………………………………… 012
有趣的动物扮演 ………………………………………………… 016
高楼变身记 ……………………………………………………… 022
草地乐翻天 ……………………………………………………… 028
七彩宝石 ………………………………………………………… 033
镜子迷宫 ………………………………………………………… 038
搭鼓楼 …………………………………………………………… 043
重重的魔方 ……………………………………………………… 048
造船记 …………………………………………………………… 053

活动设计 / 057

水果乐 …………………………………………………………… 059
小老鼠钻洞 ……………………………………………………… 063
小青蛙捉害虫 …………………………………………………… 067
蚂蚁运粮 ………………………………………………………… 072
一朵小红花 ……………………………………………………… 076
熊和石头人 ……………………………………………………… 080
放烟花 …………………………………………………………… 085

玩夹子 ………………………………………………… 088
梅花 …………………………………………………… 092
影子的变化 …………………………………………… 095
好长好长的电话 ……………………………………… 099
妙妙和喵喵的信 ……………………………………… 103
唱唱说说我的名字 …………………………………… 107

经验分享 / 111

聚焦现象，解读行为 ………………………………… 113
与自然为伴，以自然为师 …………………………… 117
助推生活课程的实施 ………………………………… 121
助力幼儿探秘绘本剧 ………………………………… 124
幼儿"写绘记录"思与行 …………………………… 127
多样化的亲子阅读 …………………………………… 131
小班幼儿共情能力的培养 …………………………… 135
幼儿主体性在语言活动中的发挥 …………………… 138
《指南》引领教师专业成长 ………………………… 141
悟道《指南》，一路芬芳 …………………………… 144

其他 / 149

课程故事：神奇的籽儿 ……………………………… 151
项目活动：逐"箭"之旅 …………………………… 158
课题研究：基于绘本提升幼儿阅读素养 …………… 165
教研活动："《指南》伴我行"教师研修 ………… 173

附录 3-6岁儿童学习与发展指南 / 179

游戏指导

宠物店

❋ 游戏对象

小班

❋ 游戏背景

《3-6岁儿童学习与发展指南》（以下简称《指南》）指出：幼儿的学习是以直接经验为基础，在游戏和日常生活中进行的。自主游戏即幼儿在一定的游戏环境中根据自己的兴趣和需要，以快乐和满足为目的，自由选择、自主开展、自发交流的积极主动的活动过程，这一过程也是幼儿兴趣、需要得到满足，天性得到表现，积极性、主动性、创造性充分发挥和人格建构的过程。

幼儿园走廊里饲养区的各种小动物吸引了幼儿的注意，激发了幼儿开宠物店的兴趣。为使宠物店中的宠物品种更加丰富，幼儿纷纷从家中收集了许多毛绒玩具带到幼儿园来。

❋ 游戏进程

宠物店开业啦

蔡蔡是宠物店的老板，阳阳来到宠物店，蔡蔡笑着说："买个小宠物带回家吧！"

阳阳蹲下，在收纳箱里翻了翻，拿出了小猪，然后继续翻。

蔡蔡问："你想要什么小宠物？"

阳阳说："我想要一只小兔子。"

蔡蔡低头在箱子里翻了翻，没有找到小兔子，于是将一部分毛绒玩具倒在地上，还是没有找到小兔子。

阳阳准备离开，蔡蔡急忙推荐说："这只小猴子也挺好看的，你要这个吗？"

阳阳看了看点点头。

第一单生意成功，蔡蔡有些得意。接着，店里陆陆续续来了很多小客人，有的要小熊、有的要小狗……

蔡蔡忙不过来了，急急地说："老师，客人太多了，他们要的我都找不到。"

忙碌中，等不及的小客人也蹲下去和蔡蔡一起找，毛绒玩具被翻得到处都是，很乱很乱。

【解读】

宠物店游戏开始了，毛绒玩具被统一放在一个收纳箱里，第一位客人成交后，小老板信心大增。但随着小客人的增多，老板从箱中寻找客人要的宠物的难度也增加了，甚至忙不过来，导致小客人乱翻乱找，把游戏现场弄得一片狼藉。面对这样的情况，教师要重视游戏后的讨论环节，让幼儿针对游戏中发生的问题进行交流讨论，让他们找到问题的症结所在。

【支持】

1. 带领幼儿实地参观宠物店，了解一些基本常识。
2. 提供不同的收纳箱供幼儿选择。

给宠物洗澡

第二次游戏时，幼儿就如何摆放宠物争论不休。

有幼儿提出多准备几个收纳箱放宠物；有幼儿提出可以将宠物放在三层架上；有幼儿提出应该像宠物店那样把宠物放在笼子里。

几次争论不出结果，大家决定把这些方法都试一试，但是都不理想。

如果把毛绒玩具放在多个收纳箱里，客人挑选时需要都翻一遍，不便于客人挑选及老板寻找；如果放在三层架上，拿取时毛绒玩具容易从架子上掉落。至于第三个方案，则是没有那么多笼子可供放置毛绒玩具。

大家去公共材料区重新寻觅物品，昊昊盯着许许多多的小纸箱说："我们可以将宠物放进一个个小纸箱里。"

依依说："对，小纸箱就是宠物的小笼子。"

大家一致同意昊昊的建议，问题终于得到解决，他们还想到把一个个小纸箱一层层垒高，既便于客人挑选，又节省了空间。

布置好宠物店，昊昊自荐做店长，等着客人上门。

游戏顺利进行，昊昊对自己想到的这个方法相当满意。

过了一会儿，购买小狗的瑶瑶抱着小狗来到宠物店买狗粮，昊昊看到小狗身上脏脏的，就问瑶瑶："你的小狗要不要洗澡啊？"

瑶瑶点了点头。

昊昊来到材料区拿了个大纸箱，又拿了许多垫子，将垫子铺好后接过瑶瑶手上的小狗，一边轻轻放进纸箱里，一边说："小狗来洗澡咯！"

在给小狗洗澡的过程中，昊昊还去材料区拿了沐浴露和吹风机，给小狗来了个全套服务。

当昊昊把洗过澡的小狗递给瑶瑶时，瑶瑶很开心，很满意。

【解读】

宠物店游戏从最初买卖宠物开始，后来不仅可以买卖宠物，还有了增值服务——给宠物洗澡。给宠物洗澡是参观宠物店后受到的启发，于是就把这个情节加入到了游戏中，发展了新的情节，幼儿能够灵活地与同伴在游戏中进行交往、对话，丰富了游戏的内容。

【支持】

1. 激发幼儿以物代物的能力，进一步丰富了游戏情节。
2. 实现各区域联动，促进幼儿全面发展。

� 游戏点评

> 游戏是幼儿学习的主要形式，幼儿在游戏中获得的经验更为自主、更为直观，而在游戏中的探索、反思更容易激发幼儿的学习兴趣和探究欲望。游戏材料与幼儿发展之间存在一种双向关系，材料的种类特点能刺激幼儿的行为方式，而幼儿也会根据自己的需要决定材料的操作方式。正是这种双向的关系，使幼儿不断对材料进行选择、调整、组合，甚至以物代物，使游戏的内容不断得到丰富。
>
> 生活即教育，幼儿在进行具体的游戏过程中，经常会出现对生活情景的再现，教师应鼓励幼儿多注意观察生活，从而热爱生活、热爱小动物。教师也要注重对生活废旧物品的收集，游戏中投放来源于幼儿生活的废旧材料、低结构材料，能够进一步激发幼儿的游戏兴趣与以物代物的能力，尤其经过自己设计、组合的材料，更会让幼儿兴趣持久，不断推动幼儿向更高的游戏水平发展。

江苏省南京市五所村幼儿园 睢子欣

打捞落叶船

❋ 游戏对象

小班

❋ 游戏背景

《指南》指出：幼儿的学习是以直接经验为基础，在游戏和日常生活中进行的，要珍视游戏和生活的独特价值。游戏是幼儿最佳的学习方式，生活是幼儿游戏动力的源泉。教师要有一双善于发现的眼睛，关注幼儿的兴趣需求，为幼儿的持续探索提供支持。小班幼儿喜欢沙水池游戏，然而隆冬时节，大水池是干涸的，但前几天下了一场雨，大沙水池里面那个围着围栏的小水池里蓄积了一点儿水，水上漂浮着两片枯黄的叶子和几段零碎的木条，它们就像是停泊在水中间的船。这些日常被忽视的场景，在幼儿眼里成了他们游戏的契机。

❋ 游戏进程

够不到落叶船

游戏时间到了，幼儿们跑向沙水池。

看着眼前的景象，瑶瑶灵机一动，大喊一声："这里有两片落叶船，我们把它弄到岸边，让小蚂蚁坐着它去旅行吧。"

瑶瑶话音刚落，小伙伴们都说好。

可是，处在水中央的落叶船，怎样才能上岸呢？

源源隔着围栏，尝试向水中伸出了小手，但是够不到。

瑶瑶也隔着围栏，把手向水中伸过去，还是够不到！

泓泓着急地说："哎呀，落叶船离得太远了，手够不到怎么办？"

"想办法。"不知谁说了一声。

于是，大家开始动脑筋想办法。

正当大家冥思苦想时，源源说："我有办法了，你们看，刚才我不小心碰到水，水就动起来了，落叶船也动起来了，我们一起拍水让落叶船动起来吧。"

于是大家学着源源的方法一起拍水，落叶船开始漂移。

一段时间后，漂移的速度减慢并停止。

"你的办法不好，落叶船又不动了！"瑶瑶说。

源源不服气："那是因为它太远了。"

大家也没有了主意。

面对水中央纹丝不动的落叶船，大家束手无策，开始向老师求助，老师建议他们再想想办法。

恩恩说："我们想不到办法，老师帮帮我们吧。"

甚至还有幼儿去抱老师的大腿，卖萌撒娇。

老师笑着说："刚才你们想到拍水让落叶船动起来就很棒呢。"

嘉嘉看看水面又看看脚下的鹅卵石，对大家说："看看这里有鹅卵石，爷爷教过我打水漂，我们试试这个方法吧。"

在嘉嘉的提醒下，小伙伴们开始尝试用鹅卵石打捞落叶船。

嘉嘉第一个抛出鹅卵石，落叶船动了起来！

小伙伴们兴奋地从四面八方抛出鹅卵石，整个水面波澜起伏，落叶船加快摆动的速度，但没有移动……

源源提醒大家："你们看，落叶船还是在那里。"

大家停下来观察。

源源还说："谁的石头把落叶船打了一个洞洞。"

为了保护落叶船，大家不再用这个方法。

虽然停止了尝试，但幼儿并没有停止思考，大家的眼睛在周围搜索着。

岳岳说:"看，那里有管子，我们可以用管子够。"

小伙伴们拿来一根软水管，开始尝试。

岳岳手持软管，轻轻放到水面上，但管子太软，总是够不到落叶船。

嘉嘉说:"我们快去看看有没有硬一点的管子。"

于是大家开始分头寻找。

【解读】

打捞落叶船对小班幼儿来说，是个不小的挑战，更是他们游戏发展的需要，对这种即兴小偶遇，小班幼儿表现出了浓厚的兴趣。小班幼儿喜欢向成人求助，教师不着急介入、不轻易引导，而是观察幼儿、倾听幼儿，而得到教师鼓励的幼儿，也积极动脑筋想办法，没成功也不轻易放弃，说明他们有敢于挑战困难、克服困难的勇气。

【支持】

1.继续观察幼儿，给予一定的鼓励和引导。

2.讲述关于合作的故事，让幼儿体会到合作的重要性，感受合作的力量。

成功打捞落叶船

第二天游戏时，幼儿们还记着没有打捞上来的落叶船。

有了上次的游戏经验，幼儿们这次很快找来了一根长长、硬硬的PVC水管。

但是坚硬的PVC管太沉了，宏宏一个人无法抬起水管打捞。

于是恩恩、玲玲帮助宏宏一起抬，三个人合作打捞落叶船。

由于围栏的缘故，PVC管移动不开，方向始终对不准落叶船。

这时，浩浩指了指围栏上方的大口说:"要不从那儿把管子放进水里吧?"

于是几个小伙伴合力把PVC管从水中拉出来，然后高高举起，从围栏上方将它插入水中。

但围栏太高，幼儿无法转动PVC管的方向。

他们决定站在凳子上试一试。

瑶瑶搬来了凳子，只能站上去一个人，瑶瑶又去搬凳子。

好不容易几个小伙伴都可以站上去了，又发现凳子的高度不够。

"我们一起去搬一些高一点儿的凳子吧。"源源建议。

于是大家一起去搬了高一些的凳子。

站在高高的凳子上，他们用力将手中的PVC管对准落叶船的方向，落叶船在PVC管的推动下，向岸对面飘去。

"越来越远了。"瑶瑶说。

于是他们调整位置，到对面去打捞。

妮妮捡来一根短木棍对大家说："这边近，可以用这个打捞。"

瑶瑶放开PVC管，接过妮妮手里的小短棍，弯下腰，很容易就打捞到了落叶船。

"成功了。"

"落叶船打捞上来了！"

幼儿们欢呼起来。

【解读】

幼儿是游戏的主人，为了解决遇到的困难，他们会不断想办法，不断发散思维，提高解决问题的能力。而探索尝试的过程，也有效提高了幼儿的认知能力，比如先从围栏下面打捞，后来又转移至围栏上面打捞，这个过程可以使幼儿感受到上下、高矮的关系，从而对上下、高矮有了清晰的认识。

【支持】

1.提供不同的工具，让幼儿尝试多样的方法，在探索的过程中掌握知识，提高能力。

2.注重对幼儿游戏的评价，使幼儿体验独立解决问题的成功感。

❋ 游戏点评

  一场打捞落叶船的游戏使幼儿从习惯用身体部位解决问题，到能想到借力打力的方法，再到对游戏材料的分析与甄别，对于小班幼儿而言不容易也不简单，但他们始终能处于积极的发现和思考中，在游戏的同时，感受合作带来的力量。

  在打捞落叶船的游戏中，幼儿也收获了不同的经验，如水的沉浮、对高矮的认知、对长短的认识等，远远超出了说教带来的效果。这同时也让我们深入思考：游戏作为幼儿最佳的学习方式，教师应该如何注重对幼儿游戏的观察与指导，帮助幼儿更好地积累经验和提高能力。《指南》作为引领性文件，需要我们一遍遍学习。吃透《指南》便于我们更好地了解幼儿，为以后的教学工作做好指引，同时也能更好地为幼儿的全面发展服务。

山东省荣成市世纪小学幼儿园 姜雪燕 王翠萍

涂鸦区里乐趣多

❋ **游戏对象**

小班

❋ **游戏背景**

《指南》指出：艺术是人类感受美、表现美和创造美的重要形式。小班幼儿年龄小，没有较为成熟的绘画技能，针对小班幼儿的年龄特点，我们开设了涂鸦游戏场：一笔一勾勒，一泼一童心。幼儿可以用自发的创作形式来表达自己的感受，通过简单的工具、稚嫩的小手，展现幼儿童真、自然和极具创造力的一面，体验创玩乐趣的同时，让艺术这个充满生命力的种子渐渐在幼儿的心中生根。

❋ **游戏进程**

有趣的手掌画

在涂鸦游戏场，悦悦拿着气球蘸取了蓝色的颜料，来回在墙上点点点、按按按，淡淡的颜色从墙上流下。她对旁边的月月说："你看，这个有点像瀑布呢。"

月月点点头，学着悦悦的样子把手上的气球按在墙面上来回横向摩擦，之后问悦悦："你看我这个像什么？"

悦悦看了看，摇摇头。然后突然像发现新大陆一样喊着："你这里有个手印。"

月月凑上去看，是手印印出的好看图案呢，可能是摩擦气球的时候不小心按上了手印。

悦悦把自己的发现告诉老师:"老师,手掌可以印出好看的图案。"

老师点点头,对她的发现表示认可。

月月将手放进了颜料里,然后在墙上按了4个手印,玩儿得很开心,两个小伙伴相互猜测对方的手掌画画的是什么。

【解读】

悦悦通过用手和气球按、压、点,让印在墙上的颜料水呈现出滴流的形态,从而形成了滴流画。而月月在学悦悦的时候,意外把手掌印在了墙壁上,被眼尖的悦悦发现,从而开始玩手掌画。这说明幼儿具有发现美的能力以及丰富的想象力。

【支持】

1. 引导幼儿把游戏中的所见所想所玩与同伴分享,互相学习借鉴。

2. 抓住幼儿的兴趣点,打通材料库与户外材料的使用界限,给予幼儿选择材料的最大自主权和广阔的选择空间,支持幼儿自主游戏。

好大的瀑布

打开了对手掌画的认知,下次游戏时,幼儿们便开始变换出新花样。

曦曦把涂了颜料的右手按压在墙上,嘴上配合说着"压压压",然后把手拿开,对自己的手掌印稍作装饰,喊来好朋友恩恩说:"看,这是一个小动物。"

恩恩也把自己的作品展示给曦曦,只见恩恩将海绵刷浸在装满黑色颜料的盆子里,然后将吸有黑色颜料的海绵刷按在白色的墙面上,黑色的水从墙上流下来。

好壮观,曦曦被吸引住了,她模仿恩恩做了一次。

"好大的瀑布啊!"悦悦看到这一幕感叹道。

几名幼儿一起玩这个游戏,然后把"瀑布"连在一起,出现了

"超大瀑布"。

看着大家合力的杰作,曦曦灵机一动,说:"我有个办法,我要把墨泼到墙上去。"说着手抬起来用力往前一甩,盆里的墨水全部泼到了白墙上。

"这是泼墨瀑布,手还不会脏。"曦曦得意地说。

【解读】

在涂鸦区,幼儿不仅解锁了手掌画的创作方式,还通过海绵刷印出的瀑布想到泼墨瀑布,想象力得到进一步发挥,表现出了丰富的创造力。而幼儿将墨水泼到墙上也给他们带来了新的体验,展现了他们对视觉艺术和线条的敏感性。

【支持】

通过艺术欣赏《百丈瀑布》,引导幼儿认知水墨画。

我们的水墨画

欣赏过水墨画后,幼儿们商量创作一幅自己的水墨画作品。

轩轩拿着刷子在墙面上画出一条弯弯曲曲的红色线条说:"这是红色的云。"

点点则将红色的颜料泼在"红色的云"下面,介绍说:"看,红色的瀑布!"

轩轩说:"不是的,是云下雨了。"

点点问:"云会下出红色的雨吗?"

旁边的恩恩说:"会的,火山爆发出的火焰就是红色的。"

然后大家合力开始创作,有幼儿负责泼墨,有幼儿用刷子把泼到墙上的墨刷开,刷成各种造型。于是,一幅简单的水墨画出现了,这里有山、有瀑布、有小溪,天空中则飘着红色的云。

【解读】

认知水墨画后,幼儿不再局限于对黑白颜料的探索,而是选择了一些浓烈的色彩,比如加入了红色的云、红色的瀑布等元素,这有助于培养幼儿的审美意识和艺术情感。然后他们合作将颜料画满一面墙，加上自己的想象，一幅水墨画完成了，呈现出来的场景充满意境，同时也提高了幼儿添画的能力。

【支持】

在涂鸦区提供更多材料，让幼儿创作更多的艺术作品。

❋ 游戏点评

> 《指南》提出：每个幼儿心里都有一颗美的种子。幼儿喜欢用自己的方式去表现和创造美，他们可以利用自己掌握的形状和线条来表现一些事物的特征；他们趣玩游戏、乐玩游戏、创玩游戏，在游戏中还意外邂逅了"泼墨"；在对水墨画有了一定的认知后，合力创作出了幼儿自己的作品，感受到了水墨画的魅力。

浙江省海宁市马桥街道桐溪幼儿园　李可欣

有趣的动物扮演

❈ 游戏对象

中班

❈ 游戏背景

《指南》指出：游戏是幼儿最主要的活动形式，是幼儿反映社会生活的特殊方式之一。中班幼儿的思维模式开始具象化，有意性得到发展，尤其喜欢模仿他人的行为或语言，扮演自己从未涉及的角色。因此，在中班幼儿的游戏中会经常性地出现"买卖类""餐饮类""特殊职业扮演类"等游戏情境。而在近阶段游戏中，更是出人意料地出现了扮演动物的场景，幼儿们还能模仿出自己扮演的动物的生活习惯，孩子们在游戏中的创造力不断提高。

❈ 游戏进程

娃娃家的小宠物

游戏开始了，馨馨走到百宝箱前拿了一根项链，一会儿把项链放在地上，一会儿又将项链捡到手里，如此反复，足有5分钟之久。

教师好奇地上前问道："馨馨，你在干什么呀？"

"我是老鼠。"馨馨开心地回答道。

"那为什么一直反复做同样的动作呢？"

馨馨说："老鼠喜欢偷东西，东张西望、犹犹豫豫的，我不确定把项链放哪里。"

旁边的希希说:"老鼠会把东西放到自己打的洞里面。"

馨馨四处张望了一下,快速来到墙角边躲了起来。

在这一系列过程中,馨馨一直悄悄地外出,拿着东西放回自己的"鼠窝",活脱脱一只小老鼠的模样。

观察完馨馨的一系列动作,希希走进娃娃家,走到"妈妈"君君身边问道:"我想来这里玩。"

"爸爸"杰杰急忙说道:"我们这里已经有妈妈、爸爸和宝宝了,你明天再来吧。"

希希听完走了,但是不一会儿又回到了娃娃家门口,大声问道:"你们家里有宠物吗,要么今天我来做小狗吧!"

君君觉得可以,希希露出了笑容,欢快地跑到了"客厅"里,找了一块空地蹲下,嘴里还"汪汪"地叫着。

过了一分钟,君君摸了摸希希的头说:"小狗狗,你要乖乖的哦!"

希希摇了摇身体,开心地看了看君君。

君君去厨房"烧"菜,好了后盛了一份食物放在"狗盆"里,希希看着食物直吐舌头,还假装舔了起来,并且"汪汪"叫得更欢快了。

【解读】

中班幼儿处于直觉行动思维的萌发期,随着对周围的人、事、物的感知日益增强,幼儿往往会借助角色游戏这一载体将自己熟悉的现实生活展现出来。面对新情节的出现,教师不要阻止幼儿,而要注重观察,对幼儿的行为进行解读,幼儿的游戏行为可反映出多层面的问题,也是幼儿生活经验逐渐丰富的体现,是一种创造性行为。

【支持】

1.善于观察,等待幼儿后续的游戏行为。

2.引导幼儿在分享环节讲述自己的游戏故事。

小鸭三人组

上次游戏，希希分享了自己的故事，幼儿们广受启发。

游戏再开始的时候，可热闹了。

凡凡说："我想做小猫。"

辰辰说："因为我家里以前养过一只鸭子，我想做一只鸭子。"

琪琪说："我家里养过小兔子，我可以扮演兔子。"

森森说："我养过小乌龟。"

……

幼儿们对小动物的模仿，各有千秋。

晴晴、辰辰和依依约在一起扮演小鸭子。

他们还布置了一下场景，在窗边的一片空地上铺了一排绿色的垫子，然后围坐在一起。

辰辰和依依先是笑嘻嘻地张开双手，摇摇摆摆地走了两趟。

辰辰一边走还一边对依依说："我来做鸭姐姐，你做鸭妹妹好吗？"

这时，坐在边上的晴晴站起来说："我来做鸭姐姐吧。"

辰辰坚持说："我养过鸭子，我更懂一些。"

晴晴努力表现自己，说："看，像我这样翅膀张开，两只脚也张开点，这样就变成鸭子了，我还可以嘎嘎叫呢。"话音刚落"嘎嘎——嘎嘎"的叫声就从晴晴嘴里传了出来。

辰辰有些发愁地看了眼依依，依依说："你们比赛吧。"

于是辰辰和晴晴边扮演小鸭子边比赛谁跑得快，又像鸭子又跑得快的做鸭姐姐。

最后辰辰赢了，晴晴心服口服。

于是辰辰扮演鸭姐姐，依依和晴晴扮演鸭妹妹。

三只小鸭子一边嘎嘎叫，一边摇摇摆摆地走。

突然，依依指着百宝箱中的绿纸和蓝纸说："我们可以用这些来做青草和池塘。"

说干就干，三个小伙伴很快布置了一下场景。

然后快乐地在池塘里洗澡。

【解读】

动物扮演，从初期的"小老鼠""小狗"演变成如今的更多小动物，尤其小鸭子的扮演者还创设了场景，进一步丰富了游戏情节。幼儿们喜欢扮演动物，而且会将生活中的经验迁移到角色游戏中，真可谓"游戏即生活"。

【支持】

从幼儿关注的兴趣点出发，帮助幼儿生成更多的游戏内容，满足幼儿的兴趣需要和发展需要。

动物园里欢乐多

娃娃家一家人拎着小篮子准备出门野餐，"爸爸"小远、"妈妈"奕奕带着宝宝和"小狗"萱萱热热闹闹地出门了。

他们走着走着，四脚着地的"小狗"萱萱说："哎呀，我总是趴在地上好累啊。"

"妈妈"奕奕听到了说："那你快点起来吧，你站起来也可以跟我们一起玩的。"

这时，"爸爸"小远突然说："我有主意了，我们变成小狗的一家吧，我是狗爸爸，你是狗妈妈，萱萱是狗宝宝好吗？"

大家都同意。

他们继续向前走去，找了一块空地摆出餐垫和食物，于是温馨的狗狗一家开始了美味大餐。

在品尝美味中，"狗爸爸"小远说："我觉得我们可以办一个动物园，动物园里会有各种各样的动物，肯定很好玩。"

小远把这个想法告诉其他幼儿，其他幼儿都觉得是个好主意。

米米和涵涵用垫子分割成一块块小区域，各区域上有的放长积木，有的放纸杯，积木和纸杯前又增加了一些小积木块。

"为什么这样弄？"欣欣不解地问。

涵涵解释说："我们的动物园里有食肉动物和食草动物，所以要分开。"

大家都觉得很有意思，纷纷加入游戏，分头忙碌起来。

动物园做好后，幼儿们抢着扮演里面的各种动物。

有大象、老虎、狮子、斑马、长颈鹿、小兔子、小松鼠、大公鸡、小猴子……好不热闹，幼儿们还举办了动物运动会，整个游戏热热闹闹的。

【解读】

幼儿游戏情节的发展需要刹那间的灵光，游戏经验则需要不断地积累。萱萱扮演小狗，需要一直趴着，萱萱觉得累，于是小远灵机一动，组织了小狗之家，有狗爸爸、狗妈妈，这样大家都一样趴着，萱萱就不会觉得只有自己累了。有了这样的灵感，思维活跃的小远想到开办动物园。而幼儿模拟动物园的情景，更是唤醒了幼儿游玩动物园的经验，让幼儿将平日生活中的所见转化为幼儿角色游戏中的情节。

【支持】

1.提供更多材料，推动幼儿游戏行为的可持续发展。

2.组织开展"动物园里有什么"主题活动，提高幼儿对不同动物的认知，以丰富游戏行为。

❋ 游戏点评

"动物扮演"打破了角色游戏中的惯常思维——"只能扮演人"，让游戏的形式和内容更加丰富。角色游戏之所以如此看重幼儿本身的年龄特点与心智发展程度，源于游戏中幼儿可以尽兴地玩，不求结果、只求过程的游戏经历让幼儿们欢呼雀跃。"动物扮演"看似寻常，实则是幼儿天性所致。童心的可贵在于花开一瞬的天真烂漫，当我们纠结于幼儿的游戏行为是否合乎情理、是否与真实生活接轨的同时,殊不知,也只有这样的年龄段才会出现如此多的天马行空、异想天开。作为教师,不要按耐不住地交流,或画蛇添足地引导,幼儿的游戏世界自有其奥妙之处,背离幼儿游戏初衷的游戏状态只会"让教师尽兴、让幼儿扫兴"。

更多时候,我们应该成为幼儿主动倾诉的对象,与幼儿敞开心扉,倾听幼儿、理解幼儿,尊重幼儿的主体性,以助力幼儿游戏水平的不断提升。

上海市嘉定区迎园幼儿园 姚莉

高楼变身记

❋ **游戏对象**

中班

❋ **游戏背景**

《指南》指出：幼儿的学习是以直接经验为基础，在游戏和日常生活中进行的。要珍视游戏和生活的独特价值，创设丰富的教育环境。从小班到中班，幼儿们对纸杯都很感兴趣，他们非常享受一排排的垒高，当搭到和自己身高一样时或者搭到"楼尖"时，常常会不由自主地拍手叫好。从最开始的独自垒高，到分工合作垒高，随着垒高人数的增多，纸杯渐渐变了样。在一次游戏分享环节，小云皱着眉头说："我们的纸杯都烂了。"是呀，纸杯日复一日的陪伴着幼儿们，从"一尘不染"到现在的"千疮百孔"。"那该怎么办呢？"我反问道。"要换个坚固一点的杯子！""什么杯子比较坚固呢？""老师，用妈妈喝奶茶的塑料杯！"幼儿的回答让我忍俊不禁。就这样，200个"奶茶"塑料杯"齐刷刷"地入驻到我们班的建构区，以供幼儿们尽情探索……

❋ **游戏进程**

挑战第十一层

愉快的游戏时间到了，小云和滚滚走到柜子前取出两摞新的塑料杯，开始在活动室的中央盖起了"高楼"。

他俩一手拿着杯子，一手熟练地垒高，全神贯注地投入到垒高的环节中。

搭到第八层时，滚滚兴奋地跳了起来，并放上了最后一层的"楼尖"。

"柜子里的杯子还有很多，我觉得还可以继续搭！"小云说。

滚滚也加入其中。

小云突然停下来用手指着"高楼"自言自语地说着："一共是9层，我们还需要10个杯子！"

"9层？10个？"滚滚露出一脸疑惑的表情。

"最上面还要加1个！"小云解释道。

滚滚似懂非懂地回应着，这时杯子已经用完了，他连忙走向材料柜"补货"。

第9层完工后，小云继续发起挑战，说："我们来搭建第10层吧。"

滚滚很配合地去取杯子。

第10层的搭建接近尾声，小云踮起脚尖准备放上最后一层"楼尖"。伴随着"咚咚咚"的声响，几个杯子掉落在地面上。

滚滚遗憾地叹了口气，并上前帮助小云，将空缺的位置继续填补完整。

小云继续搭着，慢慢的快搭好了，滚滚搭上最后一层"楼尖"，10层高楼完工。

小云看看柜子里的杯子又看看滚滚，有些不确定地问："我们还要不要继续加盖？"

滚滚虽然看着有点不情愿，但还是说："我们试一试吧，我去拿杯子。"

小云在第10层的基础上继续"加盖"，滚滚也加入到小云的"加盖"工程中。

但"哗"的一声，整个"高楼"轰然倒塌。

二人有点傻眼，但很快调整过来，赶忙收拾地上散落的杯子。

一旁的阳阳也加入了他们，帮忙收拾起来，三个人信心满满地开始新一轮的搭建。

很快，10层高楼拔地而起。

为了使高楼牢固，滚滚和小云从侧边双向进行"高楼"的加盖工程。

一旁的小星星看到如此"壮观"的景象，情不自禁地拍手鼓掌，为他们加油打气！

快要搭到第11层"楼尖"时，滚滚刚把杯子放上去，"高楼"又倒塌了。

【解读】

中班幼儿思维活跃，喜欢具有挑战性的游戏。在一层层的垒高过程中，享受着成功的喜悦和快乐。特别是搭"楼尖"的那一刻，幼儿更是绷紧一根神经，屏气凝神，这种兴奋和紧张交织在一起促使他们想要一次又一次完成新的挑战。从小班开始，小云就对"数"敏感，所以她能很快说出需要的数字，也会用自己的"数学知识"解决生活中遇到的各式"难题"，包括在游戏中遇到的各种数学应用。而滚滚对"数"就没有那么敏感，游戏中从他一脸疑惑的表情可以判断出，滚滚目前仍停留在享受垒高带来的成功感中，暂时未关注到数量之间的关系。

大量塑料杯的投放，使幼儿的搭建材料十分充足，这也给幼儿的不断创造提供了机会，于是就有了挑战第9层、第10层、第11层的游戏行为。但是面对不断倒塌的"高楼"，滚滚和小云没有放弃，而是继续迎难而上，这表明幼儿具有了一定的挑战精神。

【支持】

1.组织幼儿商讨遇到的问题，集思广益想办法解决问题。

2.对幼儿在游戏中的搭建技巧进行一定的修正与指导。

换个搭法

经过集思广益,小云对遇到的问题进行再分析,在进行下一轮搭建之前,她对滚滚说:"我们换个搭法吧!"

滚滚看看阳阳,二人一起疑惑地看着小云。

"下面不稳就会倒塌,这次我们在下面搭个三角形,我之前在书中见过金字塔的造型。"小云边说边拿杯子在地上搭起来。

在小云的"指点"下,他们很快完成了第一层三角形的搭建。

这一次他们很谨慎,边搭边交流。

"这里需要摆一个!"

"这里也需要摆一个!"

"阳阳,你别摆歪了!"

"阳阳你搭第3层,我搭第2层!"

……

小云时刻关注小伙伴的进度,有不妥之处便会及时调整杯子的角度。

不一会儿,第2层搭完了。

"第3层继续!"小云说。

滚滚和阳阳不断给自己鼓劲儿。

到了第4层,滚滚开始边数数边搭。

他们的行动引来了不少小朋友的围观。

"这是高楼吗?"

"应该是城堡。"

"哇!这个城堡真好玩儿!"

"这个城堡也太酷了吧!"

……

听着小朋友们的赞叹,小云他们搭建得更起劲了。

搭到第5层时,有几个杯子掉落了,小云小心翼翼地捡起放下,并适时调整杯子的位置和角度。

准备搭建第6层时，滚滚有点担心地说："三角高楼很难搭的。"

听到滚滚的提醒，小云想了想说："我们试一试第6层。"

阳阳也很担心地说："我们这是第一次搭三角形的高楼。"

小云犹豫起来，她围着5层三角楼看了一圈。

这时，旁边的小朋友给他们加油起来。

三个人商量了一下，决定向第6层发起挑战。

在搭建第6层时，不断有杯子掉落，但他们默契配合，搭一会儿商量一会儿，搭搭、停停，终于成功了。

"哇！哇！哇！"周围的小朋友们都兴奋地跳起来拍着手。

小云、滚滚、阳阳也围着6层三角高楼欢快地"舞蹈"。

【解读】

有了前面的失败以及大家的商讨，小云通过经验迁移，想到在书中见过的金字塔，于是提议搭建三角形高楼。在搭建的过程中，三人配合默契，小云作为有经验者，时刻关注同伴的进度，不合适之处及时做出调整。游戏中，幼儿不仅能找到自己的任务，也能听从同伴的建议与安排，相互配合，合作意识得到进一步提升。

【支持】

1. 注重幼儿的游戏分享环节，让幼儿把自己的收获分享给更多小朋友。

2. 科普三角形稳固性的知识，丰富其他幼儿的经验。

3. 引导幼儿将游戏中的问题与游戏收获进行表征，提高表征能力。

❋ 游戏点评

游戏材料是开展游戏的必要物质条件，有了大量的奶茶塑料杯作支撑，使得幼儿在运用材料进行搭建活动时，更加有发挥的空间，使幼儿的创造性能够得到更好的发挥。本次游戏凸显了"以儿童为主"的教育理念，教师充分尊重幼儿在游戏中的自主性，教师是支持者、陪伴者，积极调动幼儿生活经验，让他们在"问题"中碰撞火花、提升交往能力。游戏中，幼儿虽然经过多次"失败"的经历，依旧坚持不放弃。遇到同伴指出问题时，也能虚心接受并改进。从"侧边"一起加盖"高楼"到调整杯子摆放位置，再到尝试转变搭建方式，体现了幼儿的计划性和坚持性。而幼儿在解决问题的过程中，他们积极主动、认真思考，勇于尝试、迎难而上的良好学习品质悄然养成。

湖北省武汉市武昌区乃园幼儿园 袁文倩

草地乐翻天

❋ **游戏对象**

中班

❋ **游戏背景**

《指南》提到：要理解幼儿的学习方式和特点，最大限度地支持和满足幼儿通过直接感知、实际操作和亲身体验获得经验的需要。南围墙区是幼儿们最喜欢的一个游戏区，这里有两座大小不一样的山坡，还有一座大型的滑梯和滑索，在这里幼儿可以体验不同高度带来的不同感受，探索高度与速度的关系。由于周末山坡刚铺上新草皮，需要让草皮生长一下，因此暂时不能在山坡游戏。幼儿们都觉得很可惜，但又很喜欢这里，为了满足幼儿的游戏需求，我们精心修整了山坡下的草地，把这里变成了幼儿自主游戏的场地。

❋ **游戏进程**

开轮船喽

户外游戏时间到了，幼儿们不由自主地往小山坡那边冲，樊樊提醒大家不要爬山坡。

幼儿们就在草地上自由游戏。

樊樊手里拿着一根棍子，跑到瑶瑶身边拉着她的手说："瑶瑶快过来看，我有一个新游戏。"

只见樊樊盘腿坐在一个红色的滑草板上，手里挥动着木棍，玩起了划船游戏。

正当瑶瑶要加入时，樊樊又介绍说："还能钓鱼。"只见他改握木棍的一头，装作钓鱼的样子，嘴里还说着"钓小鱼，钓小鱼"。

瑶瑶拍手说真有趣，然后装作小鱼在樊樊周围游来游去。

受到樊樊的启发，暮暮将滑草板一个接着一个进行连接，变成一条长长的船，让辰辰坐在最前面的滑草板上，手里拿着一个绿色的轮子。

做好这些，暮暮喊来其他小朋友："快来坐轮船喽。"

欣欣跑过来坐在辰辰的后面，樊樊和瑶瑶也来了，依次坐下。

涵涵来了后先问："你们的轮船能去植物岛吗？"

欣欣从轮船上下来说："我可以搭一个植物岛。"

植物岛搭好后，欣欣重新坐回去。

接着暮暮拿着一个滑草板放到了辰辰的前面，做起排头，辰辰自觉地将手里的绿色轮子给了暮暮，暮暮转身拿过轮子，手臂旋转，就像在开车调整方向盘一样。

"开船喽！"暮暮喊着。

转了几圈之后，轮船在欣欣搭的植物岛的地方停下来，暮暮转身朝着后面的小朋友说："来到植物岛咯！"

小朋友们下船后，欣欣向大家介绍："你们看，这个是菜，那些是花。"

辰辰随地捡起一块石头说："这个是陨石。"

暮暮跑到边上捡起一颗石头，对辰辰说："你看，这个陨石在发光。"

二人开始谈论起陨石来。

欣欣、涵涵、瑶瑶和樊樊则在植物岛上观光。

【解读】

《指南》提到：中班幼儿能按自己的想法进行游戏或其他活动。由于山坡铺了新的草皮导致没办法上去游戏，于是草地变成了游戏场。樊樊想到划船和钓鱼游戏，可以看出樊樊能按照自己的想法进行游戏，具有一定的想象力，且能够调动生活经验融于游戏中。而暮暮受到樊樊的启发，创意地把滑草板连起来组成"轮船"，然后邀请小朋友坐他的轮船，这代表暮暮具有一定的组织与统筹能力，且积极动脑，能够迁移生活经验。而"植物岛冒险"的假想主题又进一步丰富了游戏情节，每个幼儿都沉浸其中，不断发散思维、丰富了想象力。

【支持】

1.通过一对一和小组形式倾听幼儿的游戏故事，了解幼儿当下的游戏需求。

2.提供丰富的材料供幼儿探索游戏。

"水上"乐园

再次游戏时，幼儿们发现了新材料，有的选择了小推车，有的选择了滑梯。

由于早上有浓浓的露水，滑梯上沾满了露水，幼儿们穿上了黄色的户外服。

当大家正在擦滑梯上的水时，巍巍从滑梯的另一边滑了下来，由于速度很快，巍巍整个人飞了出去，一屁股坐在了地上。

看到巍巍玩得开心，欣欣也笑着从滑梯上面滑了下来。

接着是苗苗。

然后是柚柚。

……

一轮过去，又轮到巍巍滑滑梯。

但滑到下面，巍巍说："怎么滑不快了？"

苗苗也试了试，确实没有像之前滑得那么快，那么远了。

大家轮流尝试，都有这个感觉。

欣欣说："是滑梯上面没水了。"

苗苗说："要再来点水，现在滑不快了。"

巍巍去装水，欣欣默默地跟在后面。

巍巍到小沙池拿了一个洒水壶，到水池旁边的水龙头接了一壶水，然后小跑着回到了滑梯跟前。

苗苗接过水壶，将水壶里的水洒到滑梯上。

另一边的暮暮说："给我这里也浇点水吧。"

苗苗走到滑梯的另外一边，然后用洒水壶在滑梯上面洒上了一些水。

暮暮从滑梯上面松开手滑了下来，速度很快。

这边，欣欣坐在了滑梯上面，巍巍催促："快滑呀！"

欣欣松开手，滑了出去，滑到了最下面，然后笑着回头看向巍巍。

巍巍要滑了，对苗苗说："苗苗，给我这里再来点水。"

苗苗站在滑梯的上面，然后用洒水壶从上面往下浇水。

巍巍松开手，从滑梯上滑了下来。

掌握了这个方法，大家轮流玩起来，即使在比较平的草地上，幼儿们由于意外的发现也玩出了不同的乐趣。

【解读】

滑梯上的露水引起了一次好玩的滑梯探索，在穿上户外服的时候坐到有露水的滑梯上面滑的速度会很快，让幼儿有了新发现和新体验，大家玩得不亦乐乎。而当水干掉，速度慢下来的时候，幼儿们经过思考找到了原因，想出了往滑梯上洒水的办法。游戏围绕"好玩""速度"展开，从幼儿的笑脸和笑声中可以感受到孩子们的快乐，幼儿在游戏中不断探索、不断成长。

【支持】

1. 引导幼儿分享自己的发现。

2. 注重对幼儿游戏的评价，激发幼儿更多的创造力。

❋ 游戏点评

《指南》提出：幼儿在活动过程中表现出的积极态度和良好行为倾向是终身学习与发展所必需的宝贵品质。要充分尊重和保护幼儿的好奇心和学习兴趣，帮助幼儿逐步养成积极主动、认真专注、不怕困难、敢于探究和尝试、乐于想象和创造等良好的学习品质。游戏是幼儿最佳的学习方式，教师要尊重幼儿的学习特点，创设适宜的学习环境，提供多样的探索材料，不断激发幼儿的想象力和创造力，促进幼儿良好学习品质的养成，保证幼儿的全面和谐发展。

浙江省海宁市许村镇中心幼儿园　张静露

七彩宝石

❈ 游戏对象

中班

❈ 游戏背景

《指南》科学领域指出：幼儿喜欢亲近自然、喜欢探究，在探究中认识周围的事物和现象。幼儿对新鲜事物天生好奇，探究欲望强烈。为了满足幼儿进一步探究的需求，培养其亲自然、爱探究的品质，我们在科学区投放了"七彩宝石"，引导幼儿通过各种方式进行实践探索，了解其物理属性和基本性质。

❈ 游戏进程

漂亮的宝石

涵涵一来到科学区，就被公用材料柜上的"七彩宝石"所吸引。她赞叹道："这些宝石好漂亮啊！"

涵涵将托盘端到桌子上，不停地用手指挑拣宝石，时不时两指捏住一粒举起来看，再放到手心里。她挑出了好几颗颜色鲜艳的宝石，很快手心就被宝石填满了。

这时，她转头看了看一旁托盘里的空盒，挠了挠头，将手心里的宝石全部倒了进去，觉得不妥，把宝石又全部倒出来。

"为啥倒出来？"丫丫看到后问。

涵涵说："不行，红宝石不能和绿宝石放一起。"说着把绿宝石挑拣出来，放到了另一个盒子里。

扬扬也被吸引过来，看涵涵给宝石分类，觉得有趣，也加入其中。

他们给所有宝石分好类，展示给小伙伴们看。

"看，这些宝石多漂亮啊。"涵涵说。

"哇！好漂亮！"小伙伴们忍不住赞叹。

扬扬说："我的宝石是紫色、粉色和白色的。"

大家一起围观这些初见的宝石。

有幼儿提议："我们来给这些漂亮的宝石编故事吧。"

于是，精彩纷呈的宝石故事陆续登场，幼儿们创编的积极性不断高涨。

【解读】

喜欢接触新事物是幼儿的天性，七彩宝石一下子就吸引了幼儿们的注意。宝石颜色鲜亮，他们先是根据颜色给宝石分类，然后自由创编故事。幼儿在游戏中不但展现出丰富的想象力，不竭的探究能力也得到了充分的发挥。

【支持】

1. 提供进一步的引导，激发幼儿开展更具挑战性的活动。
2. 组织幼儿开展讨论，大胆畅想如何与这一新材料共同游戏，不断激发幼儿的探究行为。

宝石里面是什么？

新游戏开始了，大家把宝石玩出了新花样。

昊昊用宝石玩消消乐游戏。

心心用天平称宝石的重量。

欣欣像穿项链一样，按照宝石的规律玩排序游戏。

萌萌用宝石搭金字塔。

依依用宝石摆成了好看的画。

……

大家各自在忙碌，玥玥却迟迟不见动静。

教师问玥玥："你不喜欢这些宝石吗？"

玥玥说："喜欢的，但是好奇宝石里面是什么？"

"那可以做一做实验哦。"教师鼓励她。

玥玥拿出了一些红色的宝石，而后又在紫色宝石盒里选出了一些。她把这些宝石一起倒进了捣臼，然后双手一起握住石杵，用力砸起来。

玥玥的举动"惊动"了大家。

玥玥表明意图，大家这才放了心。

玥玥砸了一会儿宝石，宝石太硬了，她很快没了力气。

就这样砸砸停停将近10分钟，她将碎石倒进了量杯，然后去卫生间取了一杯水。

她把搅拌棒当作引流棒，插在量杯里，让水流沿着搅拌棒慢慢流进了量杯，然后沿着顺时针方向搅拌起来。

大约搅拌3分钟后，量杯里的水变成了浑浊的灰色溶液。

玥玥用搅拌棒蘸取了一些液体，用手指戳了戳、捏了捏，再凑近闻了闻："黏糊糊的，好像鼻涕啊，但是没有臭味。"

她又搅了搅，又有新发现："里面还有果冻一样的胶水，没有化掉。"

【解读】

这次大家想到了更多探究宝石的花样，玩出了很多游戏。然而玥玥把关注点放到了宝石内部，想对其内部一探究竟，在教师的鼓励下，她大胆砸碎宝石，通过实验得出被水搅拌的碎石黏糊糊的、没有臭味，还有果冻一样的胶水，这符合《指南》科学领域中的"常常动手动脑探索物体和材料，并乐在其中"的要求。

【支持】

1.组织幼儿观看矿石颜料的制作方法，让幼儿对宝石的内部构造有一定的认知。

2.投放对应的材料：量杯、漏斗、捣臼和透胶液，引导更多幼儿探索宝石的物理属性。

成功分离溶液

一到区域时间，彤彤就赶到了材料区挑选宝石。她把一块紫色宝石放进了小盒子，又选了一些粉色宝石，将它们倒进了捣臼。初步将宝石捣碎后，倒进粉碎机，戴上防护眼镜开始粉碎。

之后，她把粉末倒进了筛子，轻轻摇晃起来。筛过的粉末，她小心倒入量杯，然后取来水进行搅拌。5分钟后，杯中的溶液出现了分层，上半部分是橙色，下半部分是紫灰色。

彤彤通过引流法将橙色溶液缓缓倒入了另一个量杯中。再次沉淀5分钟后，再次进行分离。最后，彤彤得到了一杯橙色溶液和一杯紫灰色的初始颜料。

彤彤把自己的实验结果跟小伙伴分享，得到了大家的掌声。彤彤很开心，找出记录表，将这次游戏经历记录到了表里。

【解读】

彤彤是一个认真且专注的幼儿，她一步步成功分离出溶液，还自主进行表征，用形象的符号和形状把游戏中观察到的溶液分层现象记录了下来，说明她有足够的耐心和细致的观察力，并具有一定的表征能力，成功感知和发现了宝石的物理属性。

【支持】

1.引导彤彤将整个实验过程和结果进行记录，并支持其与同伴合作探究与分享交流。

2.将这次成功的经历制成教程视频，组织全班幼儿一边观摩一边倾听彤彤的讲解。

❋ 游戏点评

《指南》指出：幼儿在活动过程中表现出的积极态度和良好行为倾向是终身学习与发展所必需的宝贵品质。要充分尊重和保护幼儿的好奇心和学习兴趣，帮助幼儿逐步养成积极主动、认真专注、不怕困难、敢于探究和尝试、乐于想象和创造等良好学习品质。幼儿对新鲜事物感兴趣，七彩宝石成功吸引了他们的注意力。活动过程中，幼儿不仅探索了宝石的各种玩法，还激起了对宝石内部的好奇与探究。通过实验，幼儿了解到宝石中含有不同的物质，水可以使不同密度的物质分离。在这样的探索行为中，幼儿不仅感受到了科学的神秘，而且培养了自身良好的学习兴趣。

江苏省丹阳市新区幼儿园　束程鹏

镜子迷宫

❋ 游戏对象

大班

❋ 游戏背景

《指南》强调：应最大限度地支持幼儿对直接感知、实际操作和亲身体验的需求。要充分尊重和保护幼儿的好奇心和学习兴趣，帮助幼儿逐步养成积极主动、认真专注、不怕困难、敢于探究和尝试、乐于想象和创造等良好学习品质。光和影在生活中随处可见，它们就像会变魔术的小精灵一样吸引着幼儿的眼球，幼儿对光影的科学现象充满了好奇。大班幼儿好学好问，具有强烈的好奇心和探究欲望。为此，根据幼儿的年龄特点和探究需求，我们在科探室创设了"光影游戏区"，幼儿可以根据自己的兴趣和需要，按照自己喜欢的方式自主选择材料与合作伙伴，主动进行探索和学习。

❋ 游戏进程

"镜子迷宫"成了冷门项目

在"光影游戏区"，镜子迷宫这份材料刚开始时受到了许多幼儿的喜爱，他们喜欢将镜子随意摆放，透过镜子的反射来观察周围环境。

为了延伸幼儿的兴趣点，教师设置了层层递进的探究性问题，并投放任务卡，增加游戏难度，幼儿们纷纷被吸引来挑战。

翔翔和骐骐拿出组装好的"镜子迷宫"，在迷宫中放置了一面"菊花积木"，然后开始转动镜子的位置，可是怎样都不能看到里面的菊花积木。不仅看不到"菊花积木"，甚至连普通木板都看不到，这下他们急坏了。

其他幼儿也通过不同方式进行了尝试，但都失败了。

没有人挑战成功，大家都被难住了。

于是孩子们都不再玩这个游戏，"镜子迷宫"成了冷门项目。

【解读】

幼儿喜欢挑战和尝试新鲜事物，但如果屡屡失败，就会有畏难心理。"镜子迷宫"游戏由于难度设置过大，致使幼儿们一直失败，进而失去了游戏的兴趣。在幼儿的探索世界中，需要"多次的""试误的""失败的"关键性经验支撑他们深入探究，从而促进创新、创造学习品质的发展。而积极有效地引导幼儿学会面对失败，在幼儿的探究能力、创新能力培养中有着不可忽视的作用。教师要灵活地捕捉幼儿的兴趣点与遇到的问题，通过有效的引导或指导，帮助幼儿的游戏得以顺利开展。

【支持】

1. 引导幼儿将自己在"失败情境"中获取的关键经验进行表征，组织大家就遇到的难题进行讨论，引发幼儿的深度思考与学习。

2. 通过故事阅读，培养幼儿不怕挑战的品质。

光会转弯？

游戏时间到了，涵涵玩了一会儿"镜子迷宫"，以失败告终，就去角色区玩了。

在角色区，她先拿着小梳子梳梳头发，然后拿着小镜子照照自己的模样。

但是不一会儿，正在看书的玥玥跑到我身边告起状来，"老师，涵涵拿着小镜子晃我，晃得我的眼睛都睁不开了！"

涵涵无辜地说:"我只是在照镜子,没有照别的小朋友,这究竟是怎么回事?"

经过研究,幼儿们惊喜地发现,镜子可以把光投到我们需要的位置。

原来,光会转弯。

于是,幼儿们兴奋地返回"光影游戏区",开始了各种尝试。但几次尝试后,都以失败告终。

【解读】

《指南》提出:大班幼儿能主动探索并尝试研究常见的物理现象产生的条件或影响因素。探究光和镜子的关系能有效支持幼儿实现"在探究中认识周围事物和现象"这一目标。通过操作,幼儿不但能感知镜子和光有关的科学现象,丰富经验,更能提升自己观察、比较、分析、判断、合作的能力。涵涵在角色区照镜子,意外发现光会转弯这一现象,然后回去继续探索"镜子迷宫"游戏,虽然仍以失败告终,但积累了不少关于光会转弯的有效经验。

【支持】

开展集中探究性的教学活动,帮助幼儿梳理相关经验,激发幼儿继续深入探究的兴趣。

光的奥秘

通过组织集体科学活动"让光转弯",幼儿了解了光的反射现象。再次游戏时,幼儿们尝试改变镜子的角度,让光往不同的方向反射。

第一次失败了,调整。

第二次失败了,再调整。

……

昊昊疑惑:"怎么就是看不到菊花积木呢?"

依依说:"光会反射,咱们再调整一下吧。"

他们不停转动镜子,直到看到菊花积木。

昊昊高兴地把自己成功的消息告诉了小伙伴,一下子吸引了很多幼儿围观,大家七嘴八舌地讨论起来。

有了成功的经验,幼儿们信心大增。通过多次尝试,孩子们还总结出镜子摆放的角度会影响光线反射的路径。幼儿们认识到:在操作中不同角度、不同路线,产生的实验结果不同。

【解读】

当幼儿知道了光会反射这一科学现象后,重玩"镜子迷宫"不再那么没底气,不断调整和尝试,终于可以看到菊花积木,信心大增。有了成功的经验,幼儿更有信心尝试从其他角度"让光转弯",体验了不一样的游戏感受,受益颇多,乐趣满满。

【支持】

投放更多游戏材料,让幼儿进一步探索光与影的科学现象。

❋ 游戏点评

"光影游戏区"的创设,为幼儿的自主探究与学习提供了一个自由的活动空间,幼儿在愉快的亲身体验和实际操作中学会了运用多种感官去观察并发现光影的奥秘。游戏中有成功也有失败,培养了幼儿不畏困难和坚持的良好品质。本次游戏也有效利用了失败情境,对幼儿的游戏过程进行解读,然后积极提供支持,让幼儿的探索行为能够持续下去。游戏过程中,充分尊重了幼儿的主体地位,孩子们自主讨论,畅所欲言,有助于幼儿形成积极的学习品质。而教师始终以支持者、引导者、合作者的身份参与其中,鼓励幼儿在探索中思考、在思考中发现,体验创造游戏的快乐和喜悦。

"镜子迷宫"游戏只是探索的起点,幼儿对光的探索热情还在延续。科学游戏没有固定的场所,哪里有科学探索,哪里就

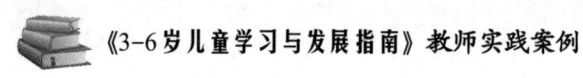

> 是科学游戏的地方。后期我们将有效利用幼儿一日生活的各个环节，让幼儿在自然的环境下探究科学，感受科学的魅力。

上海市嘉定区迎园幼儿园　周颖

搭鼓楼

❋ 游戏对象

大班

❋ 游戏背景

《指南》指出：幼儿的学习是以直接经验为基础，在游戏和日常生活中进行的，要珍视游戏和生活的独特价值。建构游戏是融合思维、操作、艺术、创造于一体的活动，教师应提供足够的空间、充足的材料以及充分的时间，促进幼儿在搭建活动中创新能力、合作能力、解决问题能力的发展，也使幼儿在快乐、好玩的搭建活动中综合素养得到全面的提升。有一次我们带领幼儿去参观鼓楼，幼儿们兴趣浓厚，不仅开展了绘画鼓楼的活动，而且还萌发了搭建鼓楼的想法。

❋ 游戏进程

柱子总是倒下去

有了搭建鼓楼的想法后，幼儿们说干就干，以昆昆为首的几个幼儿开始着手准备。他们准备从城墙搭起，鼓楼城墙是用砖盖的，幼儿边讨论边在积木中寻找类似砖头的木块，他们分头寻找材料，并很快确定了使用哪种材料。

鼓楼是正方形的，有四个门，他们边讨论边搭建，很快就围起了城墙，还放好了四个拱形城门。

他们接着开始搭鼓楼的底座，只是搭出的底座看上去又大又矮。

底座建好后，他们开始封顶，选了又细又高的条形积木当柱子，但每次放条形积木时，条形积木总是摇摇晃晃，刚把这边搭好那边就塌了。

昆昆提醒大家小心一些，但尽管很小心，条形柱子保持不了多久就又塌了。

昆昆尝试把柱子之间的间隔距离靠近一点，柱子还是反复地塌，有几个幼儿开始叹气了！

为什么总是塌呢？

他们小声讨论着、思考着。

【解读】

幼儿们虽然参观过鼓楼，也尝试过绘画鼓楼，但是搭建大型建筑还是第一次，对积木的大小、宽窄、厚薄不够了解。搭建城楼时，对各部分的比例也掌握得不好，经验明显不足，但他们边商讨边搭建，终于成功搭建出了城墙和底座，而条形积木更是引发了他们的积极思考，幼儿在游戏中发现问题、思考问题，有助于他们的深度学习。

【支持】

1. 引导幼儿展开现场讨论，群策群力，集中攻破问题。
2. 丰富积木材料，引发幼儿深度思考。

坎坷的搭建之路

经过大家的讨论，幼儿们发现柱子总是倒是因为太细了。

再次游戏时，他们注意选择不同的积木进行尝试。

博博拿来一些粗圆的圆柱形积木。

依依说："你的这些积木有点高。"

博博于是换了矮一点的圆柱体。

这回成功了，新搭的柱子看着很稳很结实，博博给其他小朋友讲自己的新发现："越粗的积木越稳。"

幼儿们知晓后，大家一起很快把所有柱子都搭好了。

柱子搭好后，昆昆开始在中间搭建屋顶，他先选择了细长的积木斜着搭建屋顶，几次尝试都失败了。

别的小朋友换不同的积木搭建，但也失败了。

博博急了，问老师："老师，你有鼓楼的照片吗？"

昆昆说："我们想看看照片，有的地方记不清了。"

教师于是去拿手机，把之前拍的鼓楼照片调出来给大家看。

大家还一起观看了教师拍摄的小视频。

幼儿们你一言我一语，交流自己的发现：

"鼓楼下面四个门是通的。"

"鼓楼的城墙很高。"

"我们的城墙太矮了。"

……

于是幼儿们决定拆了重新搭建。

还是昆昆带头，新的城墙很快搭建起来了，但是积木不够了。

小朋友们通力合作，有的寻找材料，有的想办法充分利用现有的材料。

一切搭好后，只剩下封顶了。

但是怎么封顶呢？

实在没有材料可用了，游戏时间也到了，带着思考，幼儿们开始期盼下一次游戏。

【解读】

幼儿们在反复实践中发现，越粗越矮的积木稳定性越好，越细越高的积木稳定性越差，放在地面上就不稳。解决这个问题后，在封顶时幼儿搭建的半成品又开始倒塌，几次尝试都失败了。面对困难，他们想到了看照片和小视频，然后一起总结发现的新经验，并决定拆了重建。最后由于材料不足和游戏时间结束，本次游戏不得不仓促结束，相信在下一次游戏中幼儿们会收获更多。

【支持】
1.在建构区投放鼓楼的构造图,方便幼儿参考学习。
2.发动家长资源,进一步丰富材料。

鼓楼搭建成功了

新的一轮挑战开始了,这次材料充足。

已经有了前几次搭建的经验,幼儿们搭建出了最牢固的城墙。

在熟练技术的支撑下,他们很专注很投入地探究着搭建。

选多大、什么形状的材料合适?

怎么放置比较稳当?

柱子选几根?

房檐选什么样的材料比较合适?

斜的房檐怎么放比较稳?

他们边商讨边搭建,问题一个个得到解决。

终于到了封顶这一步。

他们斜着把柱子放在屋檐上,不行,柱子斜了倒了。

他们又选择了长条积木,太高了,幼儿们已经够不着顶了。

他们开始搬椅子、桌子,然后站在上面搭,彼此之间合作得很默契。

成功封顶后,幼儿们还创意搭建了厕所。

看着完成的作品,幼儿们欢呼着,高兴地跳了起来。

【解读】

鼓楼终于搭建成功了,幼儿们在反复搭建的过程中不怕困难、积极主动,反复尝试、思考,这种良好的学习品质促使幼儿们一步一步提高了自己的深度学习能力。

【支持】

及时评价幼儿游戏,让幼儿体验成功的满足感,促进幼儿的整体发展。

❋ 游戏点评

本次游戏既培养了幼儿的探究能力，又提高了幼儿在复杂问题情境中解决问题的能力。幼儿自主探索时，教师是一名观察者，让幼儿自由探究发挥，不随意干涉幼儿游戏，把自主权交给幼儿。幼儿寻求帮助时，教师及时地给予了支持，推进了幼儿游戏的纵深发展。

从游戏中，可以看出幼儿有较强的学习能力和解决问题的能力，幼儿对事物的理解有着自己独特的认知，对事物的创造想象也是成人所不能比拟的，他们通过实践创造、知识迁移，不断提高自己各方面的能力。作为教师，要给幼儿创造环境条件把这种学习能力延伸到其他领域，以促进幼儿的全面发展，为幼儿后续的学习和素养发展奠定良好的基础。

山西省临汾市幼儿园　张英琴

重重的魔方

❋ 游戏对象

大班

❋ 游戏背景

《指南》指出：幼儿社会领域的学习与发展过程是其社会性不断完善并奠定健全人格基础的过程，人际交往和社会适应是幼儿社会学习的主要内容，也是其社会性发展的基本途径。社会领域目标也指出：5—6岁幼儿能愿意与人交往，并能与同伴友好相处，具有自尊、自信、自主的表现，以及关心尊重他人等。而游戏作为幼儿主要的学习方式，在游戏中幼儿可以通过分工合作、协商解决、听取意见、集体完成等实际操作和亲身体验来促进人际交往，提升幼儿的社会性发展。于是，自主游戏成为我们重点采用的游戏形式之一。

❋ 游戏进程

滚动的魔方

游戏开始了，小丸子发现放在角落的大魔方，于是她叫上伙伴一起走过去。她们吃力地又是推又是抬，可魔方一动也不动。小丸子累得趴在魔方上喘气："算了吧，太重了，我们去玩其他玩具吧。"

雯雯却说："我们再试试，这次我们一起使劲，肯定能抬得动，我再去喊人来帮忙！"

接着，雯雯把小雨叫了过来。

三名幼儿皱着眉头一起使劲，雯雯在推，小雨和小丸子在拉，可是魔方仍然没有动起来。

雯雯看向在一旁玩轮胎的航航，她眼前一亮，对两个伙伴说："我们像滚轮胎一样来滚魔方，看看它能不能滚得动。"

小丸子说："好吧，我们再试试，我把航航叫过来帮忙！"

小丸子跑过去给航航说明了原因，航航很乐意过来帮忙。

紧接着，航航说："我力气大，我来推正前方，你们就拉着魔方的侧面往前推。"

就这样，幼儿们拉的拉、推的推，魔方在大家的合力之下滚了一个面。

雯雯高兴地说："魔方滚了一下，我们再继续把它向前滚！"

就这样，又大又重的魔方在幼儿们的合作下滚动了起来。

【解读】

幼儿们在搬运魔方的过程中一次次地尝试和想办法，仍然没有搬动魔方，一次次的失败没有让他们气馁，在实在搬不动魔方的情况下，意外受到航航滚轮胎的启发，从而想到了滚魔方，这说明幼儿们已经能够独立思考，能够受到外在的启发。这也正如《指南》指出的"活动时能与同伴分工合作，遇到困难能一起克服"理念，进而达到合作的目的。

【支持】

1. 提供更多魔方，进一步激发幼儿的创造力和合作意识。
2. 向幼儿普及合作的重要性。

人多力量大

第二次游戏时，教师提供了更多的魔方，幼儿们的游戏也升级了。

雯雯和小丸子首先用上一次的滚动法把魔方滚到了操场中间，然后想着把一个小魔方重叠在大魔方的上面，搭成一个双层城堡。

但是魔方太重了，她们俩努力把小魔方抬起来试了好几次都没有成功。

接着，雯雯和小丸子一起喊着口号刚把小魔方抬离地面，便因为双臂支撑不住又失败了。

雯雯对小丸子说："不行，我们两个的力气太小了，要多找一些人来帮忙！"

于是小丸子和雯雯分头行动，找来了四个小朋友，把遇到的困难都告诉了小伙伴，其中一个小伙伴说："魔方太重了，我们都是小孩子肯定抬不动，要不我们去找老师帮帮忙吧！"

同伴们点头说好，于是对着老师大声喊道："老师，我们需要你帮忙！"

老师尽管知道他们遇到了什么问题，但还是很认真地询问情况。

听完幼儿们的阐述，老师问："你们集体尝试过了吗？"

其中一名幼儿说："没有。"

另一名幼儿说："我们还小，根本弄不动的。"

老师思考了一会儿，建议说："要不你们先试一下。"

雯雯说道："我们这么多人，试都没试怎么知道不行呢！"

小丸子说："对呀，我们试试吧，老师在旁边，如果实在不行，她一定会帮我们！"

伙伴们纷纷点头。

于是，在雯雯和小丸子的号召与分工中，幼儿们围着魔方站成一圈，每人抓紧魔方的棱角和镂空的地方一起使劲，老师则在一旁给他们喊口号加油。

小魔方渐渐地抬离了地面。

老师加油得更起劲，鼓励他们说："举高！撑住！马上就要成功了！"

几名幼儿受到鼓舞，更加卖力，他们咬着牙把小魔方高举着超过自己的头顶，然后齐心协力往同一方向移动，最后重叠在了大魔方的上面。

"祝贺你们，你们成功了！"老师激动地说。

幼儿们喘着粗气，开心地笑起来，在一旁围观的其他幼儿为他们欢呼鼓掌……

【解读】

基于第一次魔方游戏中出现的问题，雯雯和小丸子将她们在上次游戏中的经验很快地运用到了第二次游戏中，但她们面对魔方的玩法又有了新的探索——叠加魔方。然而这也引发了新的问题——魔方重、力气小，如何叠起来？面对接连的失败，雯雯和小丸子叫来了更多的伙伴，说明她们知道面对困难时要向他人求助。当找来小伙伴，雯雯和小丸子在还没有尝试的情况下请老师帮忙，老师把一切都看在眼里，所以并没有急于提供帮助，而是建议他们尝试一下集体合作的力量。雯雯和小丸子能够及时做出回应，并组织大家一起搬魔方，这说明幼儿们不仅能说出自己的想法，也能接纳别人的意见，最终在老师对幼儿的精神鼓舞下大家一起合作获得了成功，体验了合作的力量，收获了成功的喜悦。

【支持】

1. 及时拓展与延伸游戏，使幼儿进一步感受合作的重要性，不断提高人际交往能力。

2. 思考多区域联动，使幼儿的游戏向高水平发展。

❋ 游戏点评

《指南》在社会领域的教育建议中提到：主动亲近和关心幼儿，经常和他们一起游戏或活动，建立亲密的师生关系。幼儿的社会性主要是在生活和游戏中通过观察和模仿潜移默化地发展起来的。因此，创设温馨、平等的合作环境，能够激发幼儿更多的合作意愿、获得更多的合作乐趣，在积极健康的人际关系中获得自尊与自信。在游戏中，教师要充分运用好观察方法，才能做出有效的指导和科学的评价。

教师作为观察者，要及时观察到幼儿在游戏中遇到的困难，提供支持，让幼儿的游戏可以顺利进行。当然观察不等于完全放手，适当的指导也是有必要的，尤其是要注意安全问题，正如《指南》提到的"在保证安全的情况下，支持幼儿按自己的想法做事；鼓励幼儿尝试有一定难度的任务，并注意调整难度，让他们感受经过努力获得的成就感"。这样，幼儿在游戏中不仅可以充分体验团队合作的力量和精神，更能在实践中提升团队合作的经验和能力。

陆军军医大学第二附属医院幼儿园 徐亚玲

造船记

❋ 游戏对象

大班

❋ 游戏背景

《指南》强调：幼儿的学习是以直接经验为基础，在游戏和日常生活中进行的。陈鹤琴先生也曾说："大自然、大社会，都是活教材。"大自然是幼儿赖以成长的依托，自然界的阳光、泥土、水源等，是发展幼儿身心的课程资源，而水作为幼儿接近自然环境最好的户外游戏材料，深受幼儿喜爱。于是我们带领幼儿走向户外，亲近自然，幼儿在亲近自然的过程中畅快游戏，并不断有新发现、新创造……

❋ 游戏进程

不动的"小船"

遥遥将红色的塑料板拖到水池中，并将两只脚跨到了塑料板上，然后两只小手上分别拿着一个PVC管在身旁来回滑动。

淯淯看到，问遥遥："你是在划船吗？"

遥遥微笑着说"嗯"，但实际上塑料板并没有向前滑动。

淯淯走到塑料板一侧，拉起上面的绳子，对遥遥说："我来帮你！"在淯淯的帮助下，塑料板转动了一下，但是容易把脚打湿。

拉了一会儿，淯淯走进一个浴盆中，遥遥拿着PVC管来到浴盆旁帮他滑，但是浴盆停在原地没有动弹。

滔滔说："给我一根PVC管，我来划。"

但是浴盆仍旧没有动。

于是，遥遥又玩起刚才的塑料板，滔滔也站了上去。两个人一起使劲划，但塑料板仍然没有动。

他们从上面下来，此时空空的塑料板一推就动起来了。

滔滔说："这个太小，我们太重了！"

"那我们造一艘小船吧！"遥遥说。

【解读】

在亲近自然环境的过程中，幼儿通过想象将塑料板和浴盆当作了小船，将PVC管当作船桨，说明幼儿的想象力是很丰富的。然后在游戏中，两人尝试合作，初步使塑料板向前滑行，表明幼儿具备了一定的合作意识。最后两人一起上"小船"划不动，但是空的"小船"却可以动起来，得出"小船"没有划动起来的原因，表明幼儿具备了一定的思考能力。

【支持】

1. 开展"小船为什么浮不起来"的话题进行讨论，帮助幼儿拓展有关沉浮的经验。

2. 争取家长的配合，引导家长在家中与幼儿一同收集相关材料，家园合作推动幼儿游戏的开展。

3. 播放关于船及做船的视频、图片，帮助幼儿了解船的不同构建形态和知道一些简单的造船过程。

载人小船起航

人多力量大，在家长的帮助下，我们收集到了丰富的材料。

幼儿们根据不同的材料，在水池中尝试哪些材料可以浮起来。

在对材料基本了解的情况下，幼儿们开始尝试制作小船。

开始的时候依依拿了一块泡沫板放到水里，但站上去就沉下去了。

依依尝试在泡沫板上走了几步，泡沫板竟然破了。

旁边的湳湳看到了说："这个容易破。"

芽芽说："我们可以多弄几块。"

说着他们把几个泡沫板叠在一起。

湳湳兴奋地喊着："船变高了。"

可当他们站上去时，依旧沉了下去。

幼儿们疑惑不解，教师说："是不是可以试一试不一样的拼法？"

"要怎么拼呢？"大家商讨起来。

正当大家无解的情况下，教师加入他们的讨论，比画着说："会不会是这个接触面太小了？"

"那我们把它加宽吧。"依依组织小伙伴们尝试加宽泡沫板。

他们把泡沫板叠加，然后又拼在一起，湳湳还拿来绳子加固。

船变高变宽了，他们一次次尝试……

终于，船可以载人前行了。

小船载着幼儿们悠闲地漂荡着……大家都很开心。

【解读】

幼儿最有效的学习经验是直接经验，也就是要把知识还原为行为，回归到行动中，回归到过程中。幼儿们通过将物体放入水中，亲自体验沉浮，知道了哪些物体会浮在水面上，对能够浮在水面上的物体有了更清楚而且直观的认知。在对材料有了基本了解的情况下，他们的造船行动开始了，他们积极寻找办法来造小船，于是想到将泡沫板叠加的方法，船变高了，但还是失败了，幼儿们没有放弃，继续不断讨论解决问题的可行方法。而教师作为观察者，既给了幼儿足够的自由和自主，同时又在幼儿实在无法解决问题的时候以参与者的身份加入讨论，为幼儿提供了思路，最终使问题得到解决。

【支持】

1.在游戏后，鼓励幼儿将自己探究的结果用图画的方式记录下来，帮助幼儿回顾游戏过程，巩固经验。

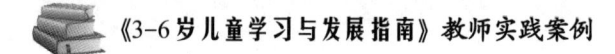

2.为幼儿提供更多材料，不断激发幼儿的创造行为。

❋ 游戏点评

　　《指南》指出：教师要重视幼儿的学习品质。这需要教师明白，幼儿在热情投入游戏时，学习品质在发生、在形成。幼儿在游戏中遇到困难，教师鼓励他们不断尝试、不断调整，也是在培养幼儿形成积极主动、认真专注的学习品质。同时，在一次次解决问题的过程中，他们体验到了成功的喜悦，在游戏中感受着自信和成长。在游戏中，教师要退居幼儿身后，以旁观者的身份倾听幼儿的声音、观察幼儿的表现，尊重幼儿的主体性，让幼儿通过自主的尝试与探究，寻找解决问题的方法，不断丰富自己的认知。

浙江省海宁市许村镇中心幼儿园　周佳欣

活 动 设 计

水果乐

❖ 年龄

小班

❖ 领域

语言

❖ 设计意图

《指南》指出：语言是交流和思维的工具。幼儿期是语言发展，特别是口语发展的重要时期。幼儿语言的发展贯穿于各个领域，也对其他领域的学习与发展有着重要的影响。小班幼儿对知识的获得主要借助于口头语言，因为幼儿的认知有限，需要通过多看、多听、多接触具体事物来提升认知。但小班幼儿由于年龄关系以及认知水平有限，在语言表达上多数不完整，有的幼儿甚至只会使用一些简单的词或词组来与别人进行交流。因此，对小班幼儿进行语言方面的培养，帮助他们更好地发展语言是有必要的。而水果是幼儿熟悉的食物，在日常生活中，幼儿会和家长一起逛水果店，认识和了解不同水果的名称和特点，且水果种类丰富，有不同的特征、味道、形状，是幼儿进行探究学习的较好的内容，也能激发幼儿的好奇心，于是教师借助水果这一载体设计了本次活动，以期通过好玩的游戏，让幼儿在玩一玩、说一说中提高语言表达能力。

❋ 活动目标

1.通过观察水果，感知并尝试讲述水果的外形特征及内部形态。

2.尝试用"×××，我看见你的肚子啦，请你出来吧"进行表达。

❋ 活动准备

1.材料准备：课件PPT、仿真水果模型、塑料盘子、纸杯（纸杯底部沿轮廓划开三分之二）。

2.经验准备：幼儿认识常见水果，能够说出它们的名称；对部分水果的内部形态有初步的认识。

❋ 活动过程

一、观察水果图片，感知并尝试讲述水果的外形特征

1.播放课件，依次展示西瓜、橙子、火龙果、猕猴桃等水果的图片。

师：老师从"水果之家"请来了一些水果宝宝来和你们做游戏，你们认识这些水果吗？它们叫什么名字？

幼儿自由发言。

2.师：这么多水果，你最喜欢吃哪个呢？为什么？

幼儿可从视觉、味觉、嗅觉、触觉等各方面对水果进行讲述。

3.师：这些水果长得一样吗？为什么不一样？

重点引导幼儿用语言对水果的外形特征进行表述。

西瓜：长得圆圆的，摸起来滑滑的，像一个足球，穿着绿衣服，上面还有很多花纹。

橙子：圆圆的，看上去光溜溜的，仔细一看，它黄色的衣服上有很多凹着的小坑。

火龙果：椭圆形的，披着紫红色的外衣，外衣上还镶嵌着许多黄绿色的鳞片，看上去好像一名穿着铠甲的战士，也像一个燃烧的火球。

猕猴桃：圆圆的，红褐色的，全身长满了毛茸茸的绒毛，像我们

人身上的汗毛，摸起来有点粗糙。

小结：这些水果宝宝都是我们喜欢的，它们的形状不一样，颜色也不一样。

二、观察水果切面图片，讲述水果的内部形态

1. 你们想不想看看这些水果宝宝的肚子里长什么样子？（想）

2. 我们怎么才能看到水果的肚子里面呢？

幼儿自由想象并讲述自己的办法。

3. 有小朋友提到切开水果就可以看到里面了，真棒呢，现在我们来玩一个游戏，看看水果里面是什么样子吧。

师幼一起玩游戏"水果切切乐"，先出示水果的完整外形图片，幼儿把手比作"水果刀"，边说"切"边做切的动作，然后教师再展示相应水果的切面图片。

师："小刀"准备好了吗？

幼：准备好啦！

游戏开始——

西瓜——切，橙子——切，火龙果——切，猕猴桃——切……

4. 大家刚刚玩了好玩的游戏，看到了水果的切面图，都有什么发现？

幼儿自由讲述。

5. 教师依次出示水果切面图片，鼓励幼儿大胆用语言表达水果的内部形态。

西瓜：红色，还有黑色的籽。

橙子：橙色，里面还有白白的线。

火龙果：白色，里面有很多黑点，像黑芝麻。

猕猴桃：绿色，里面也有很多黑点，这是它的籽。

6. 重点感知西瓜、火龙果、猕猴桃的切面图，引导幼儿观察并大胆说出它们的相同点和不同点。

师：这些水果的肚子里面长得一样吗？哪儿一样？哪儿不一样？

幼儿大胆表述。

三、游戏"水果猜猜乐"

幼儿分为两组进行游戏，一组幼儿选择自己喜欢的水果切面模型放入准备好的纸杯中，要求水果切面朝上放置，另一组幼儿看到水果切面后，大胆猜测是什么水果，并说"×××，我看见你的肚子啦，请你出来吧"，猜对后，幼儿就可以将猜到的仿真水果切面模型拿出来。

❋ 活动延伸

鼓励幼儿回到家中观察更多水果的切面图。

❋ 活动反思

> 本活动依据《指南》要求设计，活动紧扣"水果切面"这个点，带领幼儿进行猜测和游戏，培养幼儿细心观察和大胆表达。活动中选择的水果具有代表性，突出了活动的层次性，满足了不同能力水平幼儿的需求。在活动中，幼儿不仅知道了水果的名称，还感知了不同的形状、颜色、味道，然后通过描述水果的外形特征和内部形态，不断提高语言表达能力。最后通过好玩的游戏巩固学到的知识，活动效果良好。

山西省晋城市凤鸣幼儿园　延颖慧

小老鼠钻洞

❋ 年龄

小班

❋ 领域

健康

❋ 设计意图

《指南》指出：鼓励幼儿进行跑跳、钻爬、攀登、投掷、拍球等活动，发展幼儿动作的协调性和灵活性。老鼠钻洞是一项体育游戏，让幼儿钻过0.6-0.7米高的障碍物，听指令做游戏，旨在让幼儿在游戏中发展动作的协调性和灵活性。考虑到小班幼儿的特殊性，教师创设了"森林探险"这一情境，让幼儿在情境游戏中进行锻炼，体验游戏的快乐，从而喜欢上体育活动。

❋ 活动目标

1.能钻过0.6-0.7米高的障碍物，并乐于钻来钻去，体验游戏的快乐。

2.通过钻洞，提高幼儿的协调性、灵活性及平衡能力，增强柔韧性。

3.能听指令做游戏，遵守游戏规则并学习钻的技能。

❋ 活动准备

小老鼠、小猫头饰，钻圈若干，篮子、水果若干。

❋ 活动过程

一、情境导入，激发兴趣

师：今天鼠妈妈带鼠宝宝去森林探险，大家想一起去吗？（想）

师：探险要有一个强健的身体，现在让我们一起锻炼一下我们的身体吧。

幼儿跟随音乐做热身活动。

二、森林探险第一关：钻带有荆棘的"山洞"

1.这是一片蜿蜒的荆棘林，它的上面有好多的刺。你还见过什么东西的身上有刺？

幼儿积极发言。

小结：刺猬身上有刺、仙人掌上面有刺、榴莲身上也长满了刺。

2.刺是什么样的？（锋利的、锐利的）

师：被刺扎到会痛，所以在钻荆棘林时我们应注意保护好自己，身体不要触碰到荆棘刺。

3.引导幼儿练习钻的技能。

4.邀请个别幼儿展示钻有荆棘的"山洞"。

5.全体幼儿自觉排队钻有荆棘的"山洞"。

师：恭喜大家第一关闯关成功。

三、森林探险第二关：钻拱形门山洞

1.引导幼儿观察各种拱形门形成的"山洞"，并比较它们的不同。

2.引导幼儿讨论钻拱形门山洞的动作。

幼儿积极发言。

3.这里的洞和前边我们钻过的洞有什么不一样？

引导幼儿发现这边的洞没有刺但变得更矮了，在钻的时候需要屈

膝弯腰。

4.看着是不是有点难？不过老师想到一个方法，就是钻的时候喊一下口号，有助于幼儿顺利钻过山洞。

教授幼儿钻洞口号：小老鼠钻山洞，膝盖弯弯腰弯弯，低着头儿钻钻钻。

幼儿自由练习两遍。

5.幼儿尝试跟随乐曲做钻洞的游戏。

师：你们真不错，又顺利通过了第二关。

四、森林探险第三关：钻"隧道"

1.现在我们来到了第三关，看，我们面前是什么？（一条由滚筒做成的隧道）

2.小朋友来说一说，它是一条什么样的隧道？（长长的隧道、黑黑的隧道）

3.在钻隧道时，需要注意什么？（要踩在隧道底部的中间，这样才能保持平稳；钻隧道时不推不挤，要相互帮助）

4.幼儿逐一钻过隧道，体验游戏的愉悦。

五、森林探险第四关："猫和老鼠"

1.刚刚我们钻过隧道，发现有一棵神奇的果树，上面长满了各种各样的水果，都有哪些水果呢？（红红的苹果、黄黄的香蕉、紫紫的葡萄、甜甜的鸭梨）

2.有这么多水果，我们一起去摘水果吧。

师幼再一次钻隧道。

3.快看，在果树旁有一只大花猫，我们的动作要轻，不要吵醒大花猫。

幼儿小心翼翼地摘果子，一次只能摘一个，吵醒大花猫被抓的幼儿，要与大花猫互换角色。

4.大花猫变聪明了，它在城墙外设了一道机关，并且上面装有报警器，只要碰到这根绳，上面的铃铛就会发出声响，这样花猫就会醒来。这次我们要更加小心，当心被猫捉到。

师幼再次游戏。

5. 小朋友们摘了这么多水果，开心吗？（开心）

6. 我们把这些水果运回教室吧。（活动结束）

❋ 活动延伸

小朋友们，其实我们的生活中还有好多的洞可以钻，回家找一找，跟爸爸妈妈一起玩钻一钻的游戏吧。

❋ 活动反思

> 本次活动基于《指南》的理念，并充分考虑小班幼儿喜欢情境游戏的特点，设计了本次体育活动。本次活动以"森林探险"的情境贯穿始终，遵循由易到难的原则，设置不同的关卡让幼儿闯关，大大激发了幼儿的积极性，幼儿在闯关的过程中逐步熟悉并掌握了钻洞的要领。最后通过"猫和老鼠"的游戏引导幼儿再次练习钻洞，后面还增加了难度，幼儿在游戏中不仅进一步巩固了钻洞的技巧，也充分体验了游戏的趣味性，进而喜欢上体育活动。

山东省滨州高新技术产业开发区第一教育幼儿园　周燕

小青蛙捉害虫

❋ **年龄**

小班

❋ **领域**

科学

❋ **设计意图**

《指南》指出：要理解幼儿的学习方式和特点，最大限度地支持和满足幼儿通过直接感知、实际操作和亲身体验获取经验的需要。游戏是幼儿活动的基本形式，可以有效促进幼儿的发展。小班幼儿活泼可爱，喜欢在一定的情境游戏中积极地参与到活动中。本次活动创设"小青蛙捉害虫"的情境，引导小朋友们认识小青蛙，了解小青蛙的特征，知道小青蛙是人类的好朋友，并能手口一致地点数1-4，让幼儿在好玩的情境游戏中感受数学活动的乐趣。

❋ **活动目标**

1.认识小青蛙，知道小青蛙是人类的好朋友。
2.能手口一致地点数1-4，并能说出总数。
3.感受数学活动带来的乐趣。

❋ **活动准备**

课件、青蛙图片、青蛙捉害虫视频、青蛙纸盘、彩泥害虫、青蛙胸饰、音乐。

✲ 活动过程

一、图片导入，激发兴趣

1.教师出示青蛙图片，幼儿仔细观察。

师：小朋友们，今天我们班来了一位新朋友，让我们看看它是谁？（青蛙）

师：你们见过小青蛙吗？在哪里见过？（幼儿积极发言）

2.了解青蛙的主要特征。

师：小青蛙是什么样子的？嘴巴是什么样的？

引导幼儿说出青蛙的主要特征。

小结：青蛙的颜色绿绿的，有大大的嘴巴、白白的肚皮。

3.学习青蛙的叫声。

师：青蛙是怎么叫的？（呱呱）

师：我们一起来学一学青蛙的叫声吧。（师幼互动）

二、播放课件，展开主题

1.小青蛙喜欢在哪里玩？（水里、池塘里）

播放课件，引导幼儿观察。

师：池塘里有什么？（荷叶、荷花、小鱼、鸭子、青蛙）

师：有几条鱼？（2条）

师：有几只鸭子？（3只）

师：有几朵荷花？（3朵）

师幼互动：你是怎么数的？

引导幼儿积极发言，教师点名个别幼儿分享自己数数的方法。

小结：可以用手点数，即一个一个数。

2.继续引导幼儿观察课件。

师：那荷叶有几片呢？（4片）

邀请一位小朋友来数一数。

3.玩游戏，加深对数的理解。

师：小青蛙有这么多好朋友，咱们现在来玩一个游戏，我说"几"的时候，小朋友们做相应的动作。

几条鱼？（2条，小朋友拍两下手）

几只鸭子？（3只，小朋友拍三下肩膀）

几朵荷花？（3朵，小朋友跺三下脚）

几片荷叶？（4片，小朋友拍四下腿）

4.播放课件下一页，引导幼儿仔细观察。

师：池塘里的小青蛙不见了，它去哪里了？

引导幼儿猜想并积极发言。

5.播放青蛙捉害虫的视频。

幼儿认真观看。

师：小青蛙去做什么了？（捉害虫）

小结：小青蛙有捉害虫的本领，是我们的好朋友，也是农民伯伯的好帮手，我们大家要保护它。

6.展示带有数字的青蛙画面。

师：这些小青蛙有什么特别的地方呢？

引导幼儿说出每只青蛙身上都有不同的数字。

师：这些小青蛙肚皮上的数字，是怎么回事呢？

小结：农民伯伯遇到了困难，地里的害虫太多了，他想请小青蛙帮他捉害虫，青蛙身上的数字代表它要吃掉几只害虫。

7.发散思维，学习数字。

师：看，这只小青蛙肚皮上的数字是几？（数字2）那代表这只小青蛙要吃几只害虫？（2只）

师：那如果青蛙肚子上的数字是4代表要吃几只害虫呢？（4只）

8.幼儿操作：为幼儿佩戴青蛙胸饰，请幼儿数出与青蛙身上相应数量的彩泥害虫放在青蛙纸盘里。

师：害虫很多呢，请小朋友来当小青蛙一起去捉害虫，把它们消灭吧。

三、玩游戏，巩固学习

游戏：小青蛙跳跳跳

游戏规则：老师说"小青蛙"，小朋友回答"跳几下"，老师说"跳两下"，小朋友就小手举起放在头两边学青蛙的样子，口脚一致边跳边说"呱 呱"跳两下。如果老师说"跳四下"，小朋友就"呱 呱 呱 呱"口脚一致边说边向前跳四下。

四、活动结束

师：今天，小朋友不仅学会了点数1-4，还知道了小青蛙会捉害虫。今天我们帮农民伯伯捉了很多害虫，农民伯伯很开心，小朋友们开心吗？（开心）

师：现在，让我们一起欢快地跳舞庆祝吧！（播放音乐，活动结束）

❋ 活动延伸

把青蛙胸饰投放在角色区，幼儿自主玩"青蛙捉害虫"的游戏。

❋ 活动反思

> 本次活动以情境导入幼儿喜欢的小青蛙角色，使幼儿很快便投入活动，然后通过课件引导幼儿注意观察，点数画面中的鱼、鸭子、荷花、荷叶，并做相应的动作增强趣味性，使幼儿在趣味活动中学习数。接着通过一定的情节让幼儿发现消失的小青蛙去捉害虫了，从而知道了小青蛙是人类的好朋友，为接下来学习青蛙身上的数字做铺垫。本次活动有效激发了幼儿的学习兴趣，使幼儿能精力集中，积极参与活动，遇到挑战时敢

于尝试。然后让幼儿在"小青蛙捉害虫"的操作中,练习按数取物,并手口一致地点数,提高了幼儿熟练运用数字的能力。在活动最后,又通过好玩的"小青蛙跳跳跳"游戏,巩固幼儿掌握的知识,成功达到了预设的教育目标,活动效果良好。

山东省禹城市实验幼儿园 白晓

蚂蚁运粮

❋ 年龄

中班

❋ 领域

健康

❋ 设计意图

《指南》提出：健康是指人在身体、心理和社会适应方面的良好状态。幼儿阶段是儿童身体发育和机能发展极为迅速的时期，也是形成安全感和乐观态度的重要阶段。发育良好的身体、愉快的情绪、强健的体质、协调的动作、良好的生活习惯和基本的生活能力是幼儿身心健康的重要标志，也是其他领域学习与发展的基础。为了增强幼儿体质，培养幼儿参与体育活动的兴趣，并在体育活动中培养幼儿坚强、勇敢、不怕困难的品质和主动、乐观、合作的态度，教师根据中班幼儿的年龄特点，通过创设运粮的情境，以游戏的形式激发幼儿积极参与到活动中来。

❋ 活动目标

1.学习手脚着地、膝盖悬空向前爬，锻炼手脚动作的协调性。

2.鼓励幼儿积极主动地参与游戏，培养他们勇敢、协商合作的学习品质。

3.体验体育游戏带来的乐趣，培养幼儿参加体育活动的兴趣。

❋ 活动准备

闯关路线图、障碍场景的布置。

❋ 活动过程

一、热身运动，激发兴趣

1.情境导入，吸引幼儿参与活动。

师：小蚂蚁们，今天天气真好，我们一起来活动活动，锻炼锻炼身体吧！

师幼一起做热身运动。

2.引导幼儿自主扮演小蚂蚁的运动方式，强化幼儿的角色意识，为下面的游戏做铺垫。

师：小蚂蚁们是怎样运动的？我们来做一做吧！

幼儿自主模仿小蚂蚁的运动方式。

二、引出主题，熟悉情境

1.小蚂蚁在锻炼身体时，收到一封信，信中说前方有一个大大的粮库，让小蚂蚁们去运粮，还提供了一张路线图。

师：我们先根据这张路线图来熟悉一下运粮路线吧。

教师带领幼儿熟悉闯关路线图。

2.粮库在大山的旁边，小蚂蚁们需要经过一片食人花园，食人花园里只有一条小路，小路上有很多障碍，第一个障碍是隔离沟、第二个障碍是荆棘地、第三个障碍是蜘蛛网。

师：取粮的路上如此艰难，小蚂蚁们有没有信心？

鼓励幼儿勇敢面对挑战。

3.引导幼儿掌握手脚着地、膝盖悬空向前爬的动作。

师：我们来学一学蚂蚁爬吧，在爬的过程中不要伤到自己和同伴哦。

4.师幼共同讨论通过"隔离沟""荆棘地""蜘蛛网"三个障碍的方法，并请幼儿进行尝试。

（1）小蚂蚁们，第一个障碍是"隔离沟"，上面有梯子做的桥，桥下是有食人花的花园，我们怎样过去呢？小蚂蚁们快想想办法吧！

幼儿讨论后，请一名幼儿进行示范。

小结：模仿蚂蚁四脚着地爬过去。

（2）第二个障碍是"荆棘地"，"荆棘地"上也有食人花呢，这可怎么办？

幼儿讨论后，请一名幼儿进行示范。

小结：模仿蚂蚁四脚着地、膝盖悬空爬过去。

（3）第三个障碍是"蜘蛛网"，"蜘蛛网"上面是有电的，如果身体碰上去就会被电到，蜘蛛网这么矮，我们怎样过去呢？

幼儿讨论后，请一名幼儿进行示范。

小结：模仿蚂蚁四脚着地、膝盖悬空爬过去，同时要匍匐前进，不要碰到网。

5.鼓励幼儿勇敢闯关。

师：我们已经熟悉了各个障碍，也掌握了通过的方法，现在让我们勇敢闯关吧。

与幼儿一起讨论闯关的方法，可以让幼儿在发散思维、大胆探索中提升自信。

三、勇敢闯关，成功运粮

1.幼儿第一次勇敢闯关，锻炼动作技能。

2.幼儿在返回的过程中，教师播放山体滑坡的声音，同时把事先搭建好的积木大山推倒。

师：小蚂蚁们，刚才剧烈的声响是怎么回事？（引发幼儿的思考与注意）

师：原来山体滑坡了，这里堆积了这么多的石头，挡住了我们的去路，我们过不去了怎么办呢？

引导幼儿积极想办法。

3.师幼共同搭建新路线。

师：老师这里有梯子和轮胎，大家一起搭建出一条新路线吧。

幼儿合作探索、搭建新路线。

小结：通过"山体滑坡"突发事件，让幼儿自由合作搭建新路线，不仅开发了幼儿的创造性思维，而且培养了幼儿协商合作的品质。

4.成功运粮，升华主题。

师：小蚂蚁们太棒了，勇敢地取回了这么多粮食，粮食来之不易，我们要珍惜哦。

❋ 活动延伸

在语言区，鼓励幼儿根据本次活动的经验，进行蚂蚁运粮的故事讲述与创编。

❋ 活动反思

开展丰富多彩的户外游戏和体育活动，可以培养幼儿参加体育活动的兴趣，增强体质，提高对环境的适应能力。本次活动让幼儿扮演小蚂蚁，能更好地激发幼儿的兴趣。活动中师幼一起分析路线图与障碍物，让幼儿熟悉情境，在闯关时可以做到思路清晰，心中有数。在闯关中，幼儿手脚着地、膝盖悬空向前爬，很好地锻炼了幼儿的动作技能，提高了动作的灵活度。在活动最后又创设了"山体滑坡"事件，引导幼儿合作搭建新路线，不仅提高了幼儿的体验感，还开发了幼儿的创造性思维，把活动推向高潮。

本次活动的设计层层递进，有效激发了幼儿参与活动的积极性，不足之处就是较少考虑幼儿的消极等待，在日后将尝试运用音乐让先完成任务的幼儿进行小律动，利用等待后面闯关小朋友的时间放松一下身体。

山东省滨州市实验幼儿园 陈建芳

一朵小红花

❋ 年龄

中班

❋ 领域

健康

❋ 设计意图

《指南》指出：健康是指人在身体、心理和社会适应方面的良好状态。幼儿阶段是儿童身体发育和机能发展极为迅速的时期，也是形成安全感和乐观态度的重要阶段。教师应营造温暖、轻松的心理环境，让幼儿形成安全感和信赖感，并帮助幼儿学会恰当表达和调控情绪。中班幼儿正处于与同伴和老师建立良好的积极情感的重要时期，为了让幼儿有一个积极向上的正面情绪，能正视自己的优点，学会发现他人的长处，并为自己的优点感到自豪，我们设计了本次活动。目的在于引导幼儿学会发现他人的美、肯定他人的美，感受赞美带来的正面力量，体会美好的语言与伤人的语言分别给人带来的不同心理反应，从而激发幼儿自尊、自信、自主的表现。

❋ 活动目标

1. 知道赞美会给人带来积极的情绪体验。
2. 具有积极的生活态度和自我肯定的能力。

❋ **活动准备**

课件PPT、绘本《如果说出的话能被看见》、小红花贴纸、相关视频及音乐。

❋ **活动过程**

一、观看视频，引出主题

播放视频——《一朵小红花》，请幼儿观看。

师：视频中被赞美的小红花和被批评的小红花最后都怎么了？谁愿意说说它们的变化。

幼儿积极发言。

小结：被赞美的小红花长得很好，被批评的小红花凋谢了，赞美可以使人情绪愉快。

二、阅读绘本，感受语言的力量

1.与幼儿一起欣赏绘本《如果说出的话能被看见》。

（1）教师完整讲述绘本，幼儿认真倾听。

（2）师幼共读绘本，进一步理解故事情节。

（3）提问：学习完这个故事，你有什么样的感受？（幼儿积极发言）

2.讨论绘本，感受不同的语言带来的不同感受。

（1）赞美的话语像什么？（花儿）

（2）批评的话语像什么？（钉子）

（3）为什么人们喜欢听花儿般的话语？

小结：美好的话语是花朵的形状，能给我们带来开心和愉悦；伤人的话语是钉子的形状，会让人觉得悲伤。

三、玩游戏，增强情绪体验

1.游戏：花的样子。

师：美好的话语是花的形状，小朋友们能将美好的话送给身边的人吗？我们来试一试吧。

游戏规则：请两名幼儿为一组对着对方互说一句夸赞的话，然后讲讲听到后的感受。

小结：刚刚小朋友们说，听到别人赞美自己会感到开心、自豪和愉悦，这些其实都是积极的情绪体验。生活是美好的，我们要善于发现身边的美，并学会赞美别人。

2.游戏：送你一朵小红花。

游戏规则：每名幼儿手里有一朵小红花，请幼儿找一找身边人的优点，将小红花送给他，然后说一说他的身上有哪些值得我们学习的地方，哪些是需要我们赞美的。

小结：刚刚小朋友们都能够积极参与游戏，通过观察也发现了同伴的优点，并及时送上了赞美的话，把积极的情绪传递了下去。

3.游戏：送我一朵小红花。

师：小朋友们，刚刚我们找到了他人的优点，并进行了赞美。其实，在生活中我们除了赞美他人还可以赞美自己。请大家回忆一下在日常生活中哪些事情是可以对自己进行赞美的。

邀请个别幼儿分享自己值得大家学习的故事，并送自己一朵小红花进行自我赞美与激励，体验自我肯定的积极心情。

四、制作花墙，留下美好

教师播放音乐，幼儿将小红花贴纸粘贴到花墙上，然后拍照留念。

❊ 活动延伸

在美工区手工制作小红花。

❋ 活动反思

  本次活动首先利用视频导入,让幼儿直观感受两朵花面对表扬和批评时的反应,然后引导幼儿讲述感受,这样便于幼儿理解主题。紧接着,师幼阅读绘本《如果说出的话能被看见》,运用绘本中生动形象的画面,结合绘本精简的语言,使幼儿通过视觉、听觉更清晰地了解美好的话与伤人的话给人心理带来的不同情绪,感受语言的力量。然后再通过三个互动游戏,让幼儿用美好的话赞美同伴、赞美自己,进一步感受和体验积极情绪带来的愉悦感,从而激发幼儿在生活中学会欣赏别人和欣赏自己的意识,培养热爱生活、善待他人的积极品质。

重庆市新桥医院幼儿园 胡燕茹

熊和石头人

❋ 年龄

中班

❋ 领域

艺术

❋ 设计意图

《指南》指出：幼儿在活动过程中表现出的积极态度和良好行为倾向是终身学习与发展所必需的宝贵品质。忽视幼儿的学习品质培养，单纯追求知识技能学习的做法是短视而有害的。音乐游戏不仅给幼儿提供了情节，充满了趣味性，而且让幼儿享受了音乐的美。中班幼儿听辨音的能力有所提高，分辨不同性质音乐的能力也有很大发展，能随音乐的节奏尝试按自己的想象，自由地做模仿、律动和简单的舞蹈动作，也开始尝试合作创编动作。《熊和石头人》是由两段性质不同的音乐组成的，A段音乐轻松活泼，表现了小朋友在树林里欢快唱歌跳舞的情景；B段音乐缓慢沉重，表现了大熊的形象。该音乐有趣又形象，是中班幼儿进行音乐游戏的好素材。基于《指南》的指引，教师以《熊和石头人》为载体，从幼儿学习兴趣、坚持与专注、想象与创造等方面的培养出发，设计了本次活动。

❋ 活动目标

1.感受A段音乐的轻松活泼，并根据歌词内容创编简单的身体动作，表现小朋友在树林中唱歌跳舞的欢快情景。

2.听到B段沉重缓慢的音乐时，知道熊出现了，根据游戏规则进行游戏。

3.尝试独立造型、合作造型，体验表演游戏的快乐。

❋ 活动准备

课件PPT、音乐、大熊的头饰、树林环境的创设。

❋ 活动过程

一、情境导入，激发兴趣

师：今天树林里面真热闹，我们也往树林里走走吧。

教师播放音乐，带领幼儿进入布置好的树林场景，这样既直接让幼儿感受音乐，又自然而然地带入活动。

二、熟悉A段音乐，根据歌词内容做动作

1.我们进了树林，可以做什么呢？

幼儿积极发言。

2.教师来唱一首歌，听听歌曲里都做了什么？（采上几朵鲜花，再把舞来跳）

教师一定要唱清楚歌词，如果幼儿没有听清要再唱一遍。

师：歌曲里提到了采花和跳舞，小朋友们觉得应该怎么用动作来表现？

鼓励幼儿大胆地用肢体动作表现采花和跳舞，注意观察幼儿的动作表现。

3.我们仔细再听，歌曲里还有什么？

教师清唱"小鸟喳喳叫，小兔蹦蹦跳"。

师：应该怎么用动作去表现呢？

鼓励幼儿大胆用肢体动作表现。

4.教师清唱歌曲"要是大熊走过来，大家可别乱跑"。

师：如果大熊来了，应该怎么样？（不能乱跑）

师：大熊是怎么走路的呢？

鼓励幼儿模仿大熊走路的动作。

5.今天，树林里真热闹，让我们完整听这段音乐吧。

播放PPT，与幼儿一起回忆情节及理顺歌词。

6.今天真开心，我们一起唱歌跳舞吧！

教师带领幼儿在音乐伴奏下边唱歌边跳舞5次。

第一次，教师带领幼儿一起跳舞，注意从幼儿身上提炼出新创编的动作。

第二次，幼儿跟着音乐伴奏跳舞，教师注意观察幼儿的表现。

第三次，请个别幼儿当"小老师"，其他幼儿跟着"小老师"做动作。

第四次，幼儿根据教师的提示做动作。

第五次，教师与幼儿共同享受在树林里自由起舞的快乐。

三、欣赏B段音乐，创编"石头人"的造型

1.听，这时候，谁来到树林里了？（大熊）你怎么知道是它来了？（因为音乐沉重，像大熊走路的声音）

2.大熊来了，不要动，像个什么？（石头人）你们会变石头人造型吗？谁来试一下？

幼儿自由发挥想象，做出石头人的造型。

四、完整倾听音乐，进一步感知两段音乐的不同

1.现在我们仔细听一听完整的音乐，看前面和后面有什么不同。

教师在播放音乐的时候，注意让幼儿认真聆听。

2.谁愿意讲一讲自己的感受？

幼儿举手大胆表现。

3.间断播放音乐，幼儿认真倾听，当听到大熊来时举手示意，与幼儿充分互动。

师：大熊来了，我们要怎么办？（要求幼儿摆出石头人的造型）

五、玩"熊和石头人"的游戏

1.单人造型。

游戏规则：听到唱歌的音乐，幼儿边唱边开心地跳舞，当大熊的音乐响起时，幼儿要马上摆出"石头人"造型，静止不动。游戏反复玩，锻炼幼儿的反应能力，并体验游戏的乐趣。

2.合作造型。

师：我们除了自己摆石头人的造型，还可以怎样呢？

引导幼儿自由结伴造型，发挥幼儿的想象与创造力，增强游戏的挑战性。

六、结束活动

师：天黑了，我们赶紧回家吧。

教师带领幼儿在轻音乐声中离开活动室。

❈ 活动延伸

在音乐区播放《熊和石头人》音乐，让幼儿在区域里自由游戏。

❈ 活动反思

本次活动主要锻炼幼儿的坚持与专注、想象与创造、反应能力与自控能力。活动开始导入情境，以激发幼儿参与活动的兴趣。在熟悉A段音乐的环节，主要通过清唱歌词，采用提问、讨论等方法引导幼儿逐句倾听了解歌词内容并创编相应动作。接着利用PPT回忆及理顺歌词，然后让幼儿跟随音乐唱歌跳舞，教师在旁提炼幼儿创编的动作。随着幼儿能力不断提高和熟练程度的增加，教师逐步退位，留出空间和时间，让幼儿主动体验音乐游戏的快乐。到了B段音乐，注重引导幼儿倾听，感受与

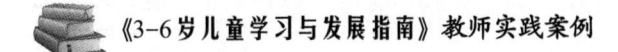

A段音乐的不同，同时趣味性地创编"石头人"的造型。当幼儿对A段音乐与B段音乐有了一定感知后，再完整播放音乐，使幼儿进一步感受两段音乐的不同，稳定听觉记忆，以便为下一步游戏做铺垫。本次活动的设计，层次分明，趣味性强，符合中班幼儿的年龄特点，很好地达成了教育目标。

广东省广州市天河区侨怡幼儿园　陈辉

放烟花

❋ 年龄

中班

❋ 领域

艺术

❋ 设计意图

《指南》指出：幼儿在欣赏自然界和生活环境中美的事物时，关注其色彩、形态等特征。烟花在夜空中绽放，由中心向四周放射出美丽的光芒，绚烂浪漫，深深地吸引着幼儿。幼儿对烟花表现出了很高的兴趣，于是教师从幼儿的兴趣出发，设计了本次活动，帮助幼儿在活动中掌握一定的美术创作技巧的同时，培养其发现色彩美、光影美、线条美，提高审美能力。

❋ 活动目标

1.感受烟花斑斓的色彩和变化多姿的形态等。
2.尝试用围绕中心画放射状长短直线、弧线的方法，在纸上表现烟花。
3.愉快地参加美术创作，并体验创作过程中的乐趣。

❋ 活动准备

各色颜料（黄、绿、蓝为一组，红、紫、橙为一组，白色为一组)、麻绳、绘画纸（黑色、深蓝、浅蓝）、课件PPT。

❋ 活动过程

一、谈话导入，激发兴趣

师：小朋友们喜欢过年吗？在过年的时候有哪些事让你记忆深刻？

幼儿积极发言。

师：好多小朋友提到了烟花，你们看到的烟花发射到天空中是什么样子的？

幼儿自由讲述。

二、播放课件，感受与欣赏烟花

1.播放烟花视频，幼儿欣赏。

（1）幼儿第一遍欣赏放烟花的视频。（为了营造氛围可以关灯）

看到烟花你有什么样的感觉？

你觉得烟花漂亮吗？哪里漂亮？

（2）幼儿第二遍欣赏放烟花的视频。

你最喜欢哪一朵烟花？为什么喜欢？

你有没有看清楚烟花炸开的样子呢？谁愿意说一说？

教师可以用动作演示烟花在天空炸开的样子，引导幼儿观察烟花从中心向四周放射的形态。

2.欣赏烟花图片，观察不同烟花的线条组合和色彩变化。

（1）提供不同线条的烟花、不同颜色的烟花图片若干组供幼儿欣赏。

（2）引导幼儿用动作来表现不同线条烟花的绽放。

（3）提问：烟花的形状是怎样的呢？它们又像什么呢？（幼儿积极发言）

三、创作烟花，交流经验

1.小朋友们觉得烟花很漂亮，那么你们想自己设计烟花吗？

幼儿说一说自己想设计的烟花。

2.教师介绍绘画工具，引导幼儿使用绳子进行创作。

（1）教师讲述创作注意事项。

（2）幼儿自由创作，教师巡回指导。

3.展示交流，互相欣赏。

（1）幼儿介绍自己的作品，说一说自己的创作思路。

（2）教师把幼儿的作品进行集体展示，幼儿相互欣赏与学习。

❈ 活动延伸

1.引导幼儿与同伴合作创作大型烟花作品。

2.在建构区投放相关材料，幼儿自主探索建构烟花的立体造型。

❈ 活动反思

　　本次活动基于幼儿的兴趣与学习特点而设计，幼儿在活动中的表现积极、主动，富有创造性。活动最开始选用了绚烂的烟花视频导入，为幼儿创造了一个轻松愉快的氛围并且帮助幼儿体验烟花绽放的快乐情感。接着展示烟花图片，让幼儿进行细致的观察与感受烟花的结构，给下一步创作烟花做了铺垫。然后在创作烟花的过程中，教师既给了幼儿自由创作的空间，又给了技法上的指导，幼儿才能创作出不一样的烟花。最后把幼儿的作品进行展示与交流，孩子们既可以欣赏同伴的作品，也可以学习同伴的经验，活动取得了良好的效果。不足之处是投放的作画工具有些局限，应提供多样的绘画工具，如棉签、画笔、吸管等，使幼儿有更多的选择空间，这样才能创作出形式多样的作品。

陕西省西安市西工大幼儿园　王停

玩夹子

❋ 年龄

中班

❋ 领域

科学

❋ 设计意图

《指南》中关于数学领域的目标定义为"能从生活和游戏中感受事物的数量关系并体验到数学的重要和有趣"。夹子是日常生活中平凡、多见的物品，幼儿在家中或接触过、操作过，但少有机会与学数学联系起来。基于《指南》的引领，教师以夹子为载体，设计了本次活动，通过层层递进的方式，让幼儿在"玩"中将目测、一个一个数、两个两个数、接数数等数学教学目标落实下去。本次活动不仅锻炼幼儿手口一致点数的能力，也让幼儿沉浸在游戏情境中，体会到学数学的快乐和有趣。

❋ 活动目标

1.在玩夹子游戏中学习一个一个数、群数、接数等多种数数方法，提高数数能力。

2.在游戏中提高手眼协调性，发展小肌肉的灵活性。

❋ 活动准备

1.物质准备：游戏音乐、演示教具、夹子、圆盘、数字卡片。

2.经验准备：幼儿有初步的数数经验。

❋ 活动过程

一、出示夹子，玩游戏

1.出示夹子，提问：这是什么？

2.玩游戏"听音乐，夹夹子"。

音乐起，幼儿把夹子一个个地夹上小圆盘。音乐停，游戏结束。

3.交流：小朋友们，你夹了几个呢？

二、花样玩游戏，提升数数能力

1.一个一个数夹子。

（1）播放音乐，幼儿数夹子。

（2）请数一数自己盘子上的夹子数量，然后在数字条上取下这个数字贴在盘子中间。

（3）你是怎么数夹子的？谁来分享一下？

小结：夹子多的时候，要从第一个开始数，要逐个数，不能漏数也不能重复数。

（4）讨论：你有什么好办法数得再快一些？

2.两个两个数夹子。

（1）播放音乐，幼儿尝试用两个两个数的办法数夹子，并将结果贴在盘子中间。

（2）交流：在数的过程中有没有遇到什么问题？谁来说一说？

（3）请再次数一数，看谁的夹子最多？

3.学习接力数夹子。

（1）出示教具，一共7个夹子，分上下两行，上面3个，下面4个。

老师有一种数得快的方法，我们一起来学习一下吧。

小结：上面个数少，一看就知道"3"，那么下面从"4"接着数就可以了，数一数一共是"7"个夹子。

（2）幼儿自主练习上2下6的组合，进行"接力数夹子"的练习。

播放音乐，幼儿自主练习。

（3）交流：谁愿意分享一下自己的数数方法？

三、升级游戏，拓展幼儿思维

1.出示教具——夹满夹子的圆盘。

这满满一圈都是夹子，怎么才能数清楚呢？

幼儿自由讲述。

2.谁来展示一下自己是怎么数的呢？

个别幼儿进行展示。

3.交流：大家觉得他的方法怎么样？你有什么好方法吗？

幼儿积极发言。

小结：可以一个一个数，也可以两个两个数，还可以接力数，幼儿有个体差异，数数能力也有差异，要多给幼儿练习的时间。

❋ 活动延伸

把夹满夹子的圆盘投放区角，供幼儿继续练习。

❋ 活动反思

> 本次活动在充分了解幼儿水平的基础上准备教具，以递进式的学习方式让幼儿探索练习，便于幼儿掌握与理解。随着年龄的增长，中班幼儿竞争意识不断增强，对带有竞赛性的活动有较大的兴趣，而且乐此不疲。因此，教师在整个活动中引导幼儿在边游戏边比赛的过程中体验游戏快乐、竞赛刺激的同时，提高了幼儿数数的综合能力。

童心"玩"数学，需要教育者充分发挥教育智慧让数学学习活动生动且有效，中班幼儿正处于积极探索周围事物的阶段，对新鲜的、未知的或者略知的事物会产生极大的探究兴趣，活动中教师有效运用语言的启示，不断激发幼儿的好奇心，将整个活动进一步推进、提升，有效提高了幼儿学习数学的兴趣与能力。

浙江省海宁市桃园幼儿园北湖园　陈瑜

梅花

❀ 年龄

大班

❀ 领域

语言

❀ 设计意图

《指南》指出：应有意识地引导幼儿欣赏或模仿文学作品的语言节奏和韵律，让幼儿体会作品的感染力和表现力。大班幼儿的语言表达能力已经有了显著提高，考虑到人们对优秀传统文化保护与传承意识的增强，教师选择了古诗《梅花》，引导幼儿欣赏《梅花》的同时体验其语言魅力。

❀ 活动目标

1.了解梅花的特点，能有感情地朗诵古诗。
2.感受古诗所表现的意境美，体会其语言魅力。
3.学习梅花的品质，不畏严寒、坚强坚韧。
4.拉近与古诗的距离感，热爱中华文化。

❀ 活动准备

《梅花》古诗的音频、课件PPT、梅花意境图3幅、画架、白色颜料、足量棉棒、调色盘、桌面垃圾桶、湿巾、毛笔等。

❋ 活动过程

一、师幼谈话，引出梅花

1.在寒冷的冬天，大部分的花受不了寒冷的袭击，然而有一种花不怕严寒，傲然挺立在风雪之中，小朋友们猜猜是什么花？

幼儿猜想并发言。

2.播放课件，出示梅花，使幼儿初步感受梅花不畏严寒、傲雪开放的品质与特点。

二、欣赏梅花，了解梅花

1.了解梅花的颜色。梅花有黄色、白色、粉色、红色……它在百花凋零的冬天给大家带来了美的享受。

2.了解梅花的生长特点。梅花有很多枝干，先开花，后长叶。梅花一般有5个花瓣，不过也有一些特殊的梅花，但不常见。

3.了解梅花的品质。梅花不畏严寒，在寒冷中开放。

三、表现梅花，引出古诗

1.提供准备好的梅花意境背景板，请幼儿画梅花。

在幼儿画梅花的时候，循环播放《梅花》古诗的音频，让幼儿在绘画的时候初步欣赏、感受古诗。

2.师幼共同欣赏梅花意境图。

绘画完成后，引导幼儿完整地欣赏梅花意境图，给幼儿以美的感受与视觉的震撼。

四、学习古诗，感知古诗的意境

1.教师朗诵《梅花》，幼儿倾听与欣赏。

2.教师朗诵完古诗，引导幼儿讲述自己的感受。

3.师幼一起朗诵古诗，再次感受古诗的意境。

4.结合梅花意境图，逐句分析古诗，促进幼儿进一步感受古诗的意境美，并体会梅花不畏严寒的品格。

5.启发幼儿有感情地完整朗诵古诗。

五、感情升华，学习梅花的勇敢、坚强的品质

1.师幼谈话，联系生活。

梅花寓意着高洁、坚强，我们要像梅花一样，勇敢坚强、不怕困难。那么，小朋友，在你身边有没有像梅花一样的人呢，谁来说一说？

2.幼儿自由讲述。

3.情感渗透：遇到问题不要害怕，积极面对，懂得感谢在生活中为我们默默付出的人。

❋ 活动延伸

1.除了梅花，还有很多植物有其特殊的含义，梅、兰、竹、菊被称为"花中四君子"。今天我们学习了梅花，小朋友们在课余时间也可以了解一下描写其他三种植物的古诗。

2.请小朋友们回家后和爸爸妈妈一起收集关于花的古诗词，然后和同伴们分享，以此进一步激发幼儿对古诗词的热爱。

❋ 活动反思

> 幼儿期以形象记忆为主，词语逻辑记忆正在发展。基于这一记忆特点，整个活动让幼儿在说一说、看一看、画一画、猜一猜中感受梅花的特点与品格。活动中采用情景设置、问题猜想、观看课件、绘画等多种方法，帮助幼儿通过一系列的梅花形象，引出古诗《梅花》，又通过诵读古诗体会意境，拉近幼儿与古诗的距离感，进一步感受古诗的韵味与语言美。同时，这也在幼儿心中埋下了热爱古诗词、热爱民族文化的种子，增强文化自信，从小树立做优秀传统文化传承者的决心。

山东省广饶县稻庄镇中心幼儿园　李青青

影子的变化

❋ 年龄

大班

❋ 领域

科学

❋ 设计意图

《指南》指出：幼儿科学学习的核心是激发探究兴趣，体验探究过程，发展初步的探究能力。成人要善于发现和保护幼儿的好奇心，充分利用自然和实际生活机会，引导幼儿通过观察、比较、操作、实验等方法，学习发现问题、分析问题和解决问题；帮助幼儿不断积累经验，并运用于新的学习活动，形成受益终身的学习态度和能力。幼儿升入大班后，对许多科学现象有着强烈的好奇心和求知欲。在户外活动时，多次玩过"踩影子"的游戏，在游戏中初步感受到了影子与光的关系，但对于影子的产生条件及变化的科学现象缺乏深入的探索与认知。基于《指南》的精神，以及幼儿原有对于"影子"知识、经验的认知和积极探索的兴趣，教师设计了此次活动，进一步激发幼儿探究影子形成条件、光和影子的关系的兴趣，同时培养幼儿的合作探索能力，体验探索的快乐。

❋ 活动目标

1.喜欢参加光影科学探究活动，从中体会探究带来的快乐。

2.在活动中主动感知、探索影子的现象，了解影子的特点和变化规律。

3.在科学活动中善于观察、提出问题、积极猜想，尝试通过实验解决问题。

❊ 活动准备

投影仪、手机、手电筒、白墙、白纸、粉笔、彩笔、小球、球门图片。

❊ 活动过程

一、游戏引入，激发兴趣

教师在投影仪下用双手分别做出小鸟、小狗、孔雀等手影，引起幼儿的注意。

师：小朋友们，你们看到了什么？（小鸟、小狗、孔雀）

师：你们知道老师是怎么变出这些小动物的吗？

引导幼儿仔细观察，并大胆讲述。

小结：很多可爱的造型可以通过手影来表现，影子跟我们的生活有着密切的联系。

二、探究实验，构建经验

1.幼儿自由操作、实验，尝试手影游戏。

（1）鼓励幼儿大胆猜想，并将自己的猜想记录下来。

（2）幼儿进行实验，验证猜想，将结果记录下来。

小结：光源、物体、投影面同时存在时会出现影子，使幼儿在玩手影游戏中感受乐趣，激发学习、探索的兴趣。

2.大胆猜想光源位置与影子位置的关系。

（1）教师提出疑问，激发幼儿探索欲望。

（2）幼儿自由猜想，并大胆讲述。

3.幼儿实际操作，探索影子位置与光源位置的关系。

幼儿以小组形式进行操作，三人一组，一名幼儿做手影动作，一名幼儿用手电筒或手机提供光源，另一名幼儿将手影的轮廓画下来。（提示：幼儿移动光源时，不移动手；移动手时，不移动光源。）

教师注意指导，帮助幼儿深入理解、体验影子产生的条件及光源与影子的位置关系。

4.同伴交流：分享操作经验。

师：当手电筒或手机光源移动位置时，影子会有哪些变化？

师幼共同小结：光源距离手近时影子会变大，光源距离手远时影子会变小。

5.教师将各组的实验结果展示在展板上，幼儿互相交流学习。

6.玩影子游戏，利用学习内容解决实际问题。

游戏：投球入门

教师把提前准备好的6张球门图片分别挂在教室的四周。幼儿两人一组合作，一人操作光源，一人操作小球，利用光源让小球的影子进入到球门中。

小结：光源和物体位置发生变化，小球的大小就会有所变化，通过调整光源与物体的距离，就可以让小球进入球门。

❋ 活动延伸

1.将教具投放到科学区，鼓励幼儿玩"影子找家"游戏，充分感知光源与物体之间产生影子的关系，提升幼儿细致观察的能力。

2.提供皮影戏材料，鼓励幼儿自主探究皮影戏的秘密。

❋ 活动反思

幼儿在本次活动中探究具体事物、问题的科学本质，尝试解决生活中遇到的问题；通过对光和影子的探究，发展幼儿操作、实验、解决问题、梳理总结的能力。活动开始，教师以手影游戏吸引幼儿进入活动主题，通过形象、直观、趣味的实物投影仪，将巧妙、多变、灵动的手影展现在幼儿面前，较短时间内就吸引住了幼儿的注意力。活动中为了体现以幼儿为主体、教师为主导的作用，教师采用了游戏法、操作法、体验法等教学方法，给予幼儿充分的亲身体验、实际操作的机会。在此基础上，注重引导幼儿进行交流讨论，梳理总结，帮助幼儿进一步在头脑中科学建构关于光影的知识，让幼儿能够在玩中学、学中玩，激发了幼儿学习的主动性。最后利用游戏"投球入门"，加深了幼儿对光影关系的理解与认识，帮助幼儿不断地积累学习科学的经验，助力幼儿形成终身受益的科学学习态度和能力。

北京市顺义区港馨幼儿园 刘涛

好长好长的电话

❋ 年龄

大班

❋ 领域

社会

❋ 设计意图

《指南》社会领域指出：要借助故事、图书等给幼儿讲讲父母抚育幼儿成长的经历，让幼儿理解和体会父爱与母爱。而在日常生活中，父亲与幼儿交流的时间少于母亲，为了让幼儿感受到父亲深沉的爱，教师在《指南》理念指导下设计了本次活动。本次活动结合语言领域、社会领域的培养目标，围绕"电话"展开，帮助幼儿理解故事内容的同时，感受父子深情，让幼儿学会感受爱、大胆表达爱。

❋ 活动目标

1.理解故事内容，感受电话给生活带来的方便。
2.理解火狐狸与父亲的对话，感受父子间的亲情。

❋ 活动准备

1.物质准备：《好长好长的电话》故事PPT、背景音乐、提前录制爸爸对幼儿讲的话。
2.经验准备：回忆与爸爸在一起的快乐时光，了解爸爸工作的辛苦。

❋ 活动过程

一、图片导入，激发兴趣

1.教师出示图片介绍故事。

师：小朋友们，今天老师给大家带来了一个非常有"爱"的故事，这个故事的名字叫《好长好长的电话》。

提出问题：图片上有火狐狸、爸爸、电话、礼物，那么会发生怎样的故事呢？

2.请幼儿根据图片猜一猜故事情节。

小结：活动开始，教师用图片的形式直接导入，引发幼儿对故事情节的好奇，激发幼儿对故事的兴趣。同时教师引导幼儿根据提供的图片线索对故事情节进行大胆猜想，在表述故事情节的过程中，充分发挥幼儿的想象力，也给幼儿提供了自由表达的机会。

二、理解故事内容，感受父子情深

1.火狐狸的爸爸是森林快递公司的总经理，整天忙得回不了家。就要过节了，火狐狸望着窗外漂亮的景色，心里充满了期待，期待爸爸能陪他一起过节。

提出问题：猜猜火狐狸会使用什么方法联系爸爸？

幼儿自由讲述。

2.火狐狸给爸爸打电话了，那他会对爸爸说些什么呢？爸爸又会怎么回答呢？

引导幼儿猜想，自由表达。

小结：火狐狸的爸爸也想回家和家人一起过节，但是他是一个对工作认真负责的人，过节了仍然坚守自己的工作岗位。

3.火狐狸给爸爸打了多久电话，火狐狸为什么不想挂掉电话？（很想念爸爸）

4.门铃响了,会发生什么意想不到的事情呢?(幼儿自由猜一猜)

5.故事中火狐狸的爸爸虽然不能陪火狐狸过节,但是他深深地爱着火狐狸,在心里时刻记挂着他,特地邮寄来了节日礼物,给火狐狸一个大大的惊喜,来表达对火狐狸的爱。

小结:通过结合图片,引导幼儿观察火狐狸的动作、表情,让幼儿感受到火狐狸对爸爸的想念以及爸爸对火狐狸的牵挂,体会父子之间浓浓的亲情。

三、拓展经验,感受电话的方便

1.小朋友们,你给别人打过电话吗?给谁打过电话?说了什么事情呢?

幼儿自由讲述自己的经历。

小结:通过打电话让我们与相隔很远的人可以随时联系,相互问候,方便了我们的生活。

2.故事中火狐狸和爸爸打电话时使用的是座机电话,那么在我们的生活中有哪些可以随时联系的方式呢?

幼儿自由发言,相互吸收经验。

小结:手机和电脑的出现让我们的生活更加便捷,不仅可以打电话,还可以开视频。

四、迁移经验,提升情感

1.引导幼儿回忆爸爸对自己的爱。

师:火狐狸的爸爸非常爱火狐狸,你觉得你的爸爸爱你吗?爸爸做过的哪些事情让你感受到他对你的爱呢?

幼儿讲述与爸爸的故事。

2.播放爸爸讲话的视频,提升情感。

师:听了爸爸的心里话,你有什么感觉?(暖暖的、感动、高兴、开心)

小结:爸爸一直深深地爱着你们,只是没有用语言表达出来,一直在默默地守护着你们，每个爸爸都很爱自己的孩子。

3.引导幼儿表达对爸爸的爱。

师：我们的爸爸有时也会像火狐狸爸爸那样忙于工作，不能经常陪伴在我们身边，不过相信小朋友依然非常爱自己的爸爸，有许多话想对爸爸说，现在请小朋友们想一句最想说的话送给爸爸吧。

幼儿发言，讲述一句话送给爸爸。

小结："爱"看不见摸不着，这份情感藏在幼儿的心中，将幼儿内心的情感慢慢地激发起来，感动于爸爸对自己的爱，也开始真心地表达对爸爸的爱。

❋ 活动延伸

回家用自己的方式勇敢地表达对爸爸的爱，第二天回到幼儿园与老师、小朋友交流感受。

❋ 活动反思

> 本次活动贴近幼儿的生活，当火狐狸有了和自己相似经历的时候，容易触发幼儿内心的感受。他们跟着火狐狸一点点感受着父亲工作的辛苦、担当，一步步理解父亲，并表达出自己对父亲的爱。在整个活动过程中，幼儿就是那只火狐狸，和他一起感受着思念、惊喜、欢乐和幸福。
>
> 本次活动以幼儿为主体，注重幼儿自主的理解与表达。活动中利用观察、联想、预测、讲述等方式帮助幼儿理解故事内容，引导他们积极有效地参与到活动中来。活动中幼儿积极表现，在教师不断发问的情况下充分表达自己，想说、敢说、喜欢说，有效促进了幼儿语言能力的发展。

山东省广饶县稻庄镇中心幼儿园　李真真

妙妙和喵喵的信

❋ 年龄

大班

❋ 领域

语言

❋ 设计意图

《指南》指出：大班幼儿应愿意用图画和符号表现事物或故事；能在写写画画的过程中体验文字符号的功能，培养书写兴趣。基于此，教师选择了《妙妙和喵喵的信》这一故事设计了本次活动。《妙妙和喵喵的信》故事简单、线索明确，又充满趣味性，通过描写小鸡妙妙和小猫喵喵之间的书信联系，表现了同伴之间的美好情感。故事中妙妙和喵喵的信是用图示、符号的方式呈现的，既符合幼儿直观形象的思维特点，又带给幼儿很大的想象和思考空间，还能让幼儿了解书信的格式，掌握写信的基本方法，有助于幼儿前书写习惯的培养。

❋ 活动目标

1.学习根据图画猜测画面表达的意思，理解朋友之间的美好情感。

2.尝试用绘画的形式写信，并能较完整地讲述信的内容。

❈ 活动准备

故事PPT、信封、纸、笔。

❈ 活动过程

一、信件导入,激发幼儿兴趣

1.出示信件,引导幼儿观察。

小朋友们看,这是我女儿写给我的信,它是什么样子的?

2.引导幼儿发现写信的基本格式。

信件上都有什么?你发现什么了吗?

小结:写信是有固定格式的,收信人在上面,寄信人在下面,内容要写在里面。

二、理解故事内容,学习写信

1.小鸡妙妙和小猫喵喵是一对好朋友,妙妙在桥的这边,喵喵在桥的那边,他们俩常常在一起玩,可是每当回到家又总会想念对方,那怎么办呢?

播放故事PPT,引导幼儿观察画面,重点引导幼儿观察妙妙给喵喵写的信。

(1)这是谁写给谁的信呢?谁知道?

(2)小鸡妙妙想找小猫喵喵做什么呢?

邀请个别幼儿发言。

小结:通过让幼儿观察故事PPT,了解妙妙给喵喵写信的格式,然后通过关键问题的提问,引导幼儿加深对写信格式的印象。

2.边播放故事PPT边提问,让幼儿掌握故事内容。

(1)妙妙在信中是用什么来表示时间的?我们还可以用什么来表示时间?

(2)信中是用什么来表示地点的?我们还可以约在什么地点玩儿?

（3）信中的箭头是什么意思呢？

3.鼓励幼儿用自己的语言描述妙妙要告诉喵喵的事情。

4.在幼儿进一步了解写信的步骤后，请幼儿尝试读信。

5.继续播放故事PPT，出示喵喵给妙妙写的回信。

（1）喵喵收到信，会怎么样？

（2）请幼儿自己尝试说出每一幅小图片的含义，然后说出完整的时间、地点和事件。

（3）邀请幼儿读喵喵给妙妙写的回信。

小结：通过层层递进，幼儿不仅学习了写信的格式，还能较完整地讲述信的内容，感受到信是传递信息的有效途径。

三、尝试用绘画的形式写信，感受朋友之间的美好情感

1.通过谈话感知妙妙和喵喵之间的感情。

（1）小朋友们，有好朋友的感受怎么样？

（2）谁愿意说说自己与好朋友的趣事？

（3）你觉得妙妙和喵喵之间的感情怎么样？从哪里看出来的？

小结：通过谈话回忆，让幼儿大胆表达自己有好朋友的感受，并讲一讲与好朋友的趣事，最后回到故事中让幼儿通过妙妙和喵喵写信的内容，感受好朋友之间的美好感情。

2.引导幼儿用绘画和符号的形式写信。

大家都有自己的好朋友，那你们想不想用画画的方法给自己的好朋友写一封信呢？（激发幼儿写信的欲望）

幼儿用绘画和符号的形式给好朋友写信，进一步巩固写信的格式，教师巡回指导。

小结：通过前面的学，到这一步的运用，幼儿在实践写信中进一步巩固了写信的格式，也积极表达了自己对好朋友的情感。

3.请幼儿和邻座好朋友分享交流，讲述彼此信件的内容。通过集体分享、与同伴之间的分享，进一步巩固对写信的认知。

❋ 活动延伸

1.在语言区投放幼儿的绘画信件,引导同伴之间继续讲述分享,发展幼儿的语言表达能力。

2.在表演区设置邮局场景,请幼儿表演到邮局寄信,进一步使幼儿了解寄信流程。

❋ 活动反思

活动依据《指南》要求设计,为了更好地达到活动目标,本次活动充分利用了多媒体课件,让幼儿在熟悉故事的过程中仔细观察画面内容,有助于幼儿掌握写信的格式。活动中也很注重积极有效的师幼互动,引领幼儿体验美好友谊的同时,进一步巩固了写信的格式。除了学,本次活动也注重实际应用。在现代信息科技迅速发展的当下,各种各样的通信方式大大缩短了人与人之间的距离,也使人们的日常生活呈现了多样化、快捷化的特征,致使通信这一沟通方法鲜少出现在幼儿的生活中。本次活动不仅让幼儿了解了通信这一交流沟通的手段,而且让幼儿通过运用绘画和符号的形式"写信",深化了幼儿对写信的理解,同时也培养了幼儿的前书写能力。

山东省广饶县稻庄镇中心幼儿园 马志慧

唱唱说说我的名字

❋ 年龄

大班

❋ 领域

艺术

❋ 设计意图

《指南》中明确指出：艺术是幼儿的一种语言，他们天生就会用肢体动作、声音来表达自己的意愿和感受，幼儿艺术的创造力，就是在大量的游戏化的表现机会中发展起来的。音乐是一门听觉艺术，看不见摸不着，幼儿对声音的强、弱、快、慢、高、低等抽象概念不易理解，因此需要教师根据幼儿的年龄特点将音乐融入幼儿的生活和游戏当中，在音乐教育中"以美感人""以乐施教""以情动人"，在轻松愉快的环境中，激发幼儿的活动欲望。

大班幼儿喜欢音乐活动，能用自己喜欢的方式大胆地表现自己的感受和体验，乐于与同伴一起娱乐、表演、创作。在《指南》精神的引领下，教师设计了"唱唱说说我的名字"音乐活动，本活动是一个幼儿参与性较强的活动，活动中通过"唱唱—说说—玩玩"三大主题环节，使幼儿在演唱自己名字的过程中理解名字的意义，产生自豪感和愉悦感，体验与同伴互动演唱的快乐。

❋ 活动目标

1. 交流自己名字的由来，了解名字的含义以及独特性，体会爸爸妈妈对自己的爱，产生自豪感和愉悦感。
2. 用欢快的声音演唱歌曲，唱准高音部分，并能自如地接唱。
3. 根据音乐旋律仿编歌词，并能在集体面前大胆、自由地表现自己。

❋ 活动准备

1. 经验准备：提前了解自己名字的来历。
2. 物质准备：课件、音乐、手偶、图谱、钢琴、图片展板，以及幼儿自己设计并制作的名字卡片和面具。

❋ 活动过程

一、音乐导入，初步感知

1. 师幼倾听《唱唱说说我的名字》伴奏音乐，进入活动室。
2. 在伴奏中，教师有感情地和幼儿互动，引出主题。

师：小朋友，你们喜欢这段音乐吗？

小结：这段音乐的名字叫《唱唱说说我的名字》。

二、学唱歌曲，体验快乐

1. 师幼谈话，互相介绍，感知歌曲的节奏特点。

（1）请3-4名幼儿找到展板上的自己的图片做自我介绍。

（2）教师用《唱唱说说我的名字》歌曲的旋律唱出自己的名字，请幼儿说一说教师介绍自己的方式有什么特别的地方。

2. 结合课件，教师范唱，引导幼儿学唱歌词。

（1）教师分别范唱（自弹自唱）第一句和第二句，引导幼儿初步感知歌曲旋律和节奏特点。

（2）教师借助课件和手偶完整范唱歌曲，幼儿尝试跟唱，进一步理解歌词。

3.结合课件和图谱学唱歌曲,引导幼儿感受两段旋律的不同。

4.完整学唱歌曲,引导幼儿唱准高音和接唱部分,感知并表现歌曲欢快的情绪。

三、仿编歌曲,大胆表现

1.幼儿根据自己设计的名字卡片与同伴探索交流自己名字的唱法,激发幼儿的表现欲望,引导幼儿体验与同伴互动演唱的快乐。

2.进行"神秘小歌手"游戏,鼓励幼儿积极创编,体验游戏的快乐。

规则:幼儿把自己设计并制作的名字卡片贴在展板上,加上动作表演出自己的名字,然后跟着旋律加上动作边演边唱自己的名字。

3.进行"唱唱我的好朋友"游戏,体验唱他人名字的乐趣。

规则:所有幼儿带上提前准备的面具手拉手围成一个圆圈,教师用演唱并按顺序点数的方式请一位幼儿到圆圈中间,所有幼儿猜出他的名字。被请到的幼儿用演唱的方式验证猜的对与否,然后按老师请小朋友的方式请别人,游戏依次进行。

四、分享交流,情感提升

1.幼儿与同伴分享交流自己名字的故事。

2.观看家长提前录制的视频,体验父母对自己的爱。

3.教师小结,情感升华。

小结:我们每个人的名字都很独特,名字里面都包含了爸爸妈妈对我们美好的期望和满满的爱,希望小朋友们在爸爸妈妈的祝福中健康快乐地长大!

❈ 活动延伸

1.鼓励幼儿唱出自己喜欢的动物、物品等。

2.邀请更多的爸爸妈妈分享更多名字的故事,制作亲子名字绘本。

✻ 活动反思

　　本次活动利用实物教具、图谱和不同的教唱形式，引导幼儿学唱歌曲，进一步理解歌曲旋律，了解歌词特点，感受两段歌词的不同。活动中引导幼儿根据自己设计的名字卡片与同伴探索交流自己名字的唱法，利用游戏进行巩固，然后积极鼓励幼儿大胆创编，并体验唱自己名字和唱他人名字的快乐与不同。最后通过播放家长提前录制好的视频，引导幼儿感受爸爸妈妈对自己的爱，萌发幼儿对父母的感激之情。活动的每个环节层层递进，为幼儿提供了表达和表现的机会和条件，支持和鼓励幼儿大胆表现自己，不仅使幼儿用正确的方法演唱歌曲，体验音乐带来的快乐，也使每个幼儿在自己原有的水平上都得到了不同程度的发展。今后在活动中，教师会进一步增强师幼、幼幼互动的效果，根据幼儿在活动中的表现及时进行引导，使幼儿乐于分享活动中的快乐，增强体验感。

山东省滨州经济技术开发区沙河街道中心幼儿园　吴洪仙

经验分享

聚焦现象，解读行为

著名教育家陶行知先生说："教育为本，观察先行。"

观察、了解幼儿的学习与发展是为了评估他们的兴趣、特点和需要，以便更有效地帮助他们积累经验，促进他们的学习与发展。

《指南》为我们如何观察、了解幼儿提供了导向性的指引，帮助我们认识和理解幼儿学习与发展的价值取向及其内涵。

幼儿园一日生活皆课程，我很注重对幼儿的随机观察，聚焦现象，解读行为，在实践中充分运用《指南》，以确保保教质量的不断提升。

带小班时，我们班有一名幼儿，叫潞潞。他有较严重的分离焦虑，生活能力也比较差。

有一次集体入厕小便回来，潞潞叉着腿，"步履蹒跚"地走进教室。我一看，两条裤腿都湿了，赶紧弯腰摸他的鞋和袜子，鞋没事，就是裤子湿了。

我微笑着对他说："潞潞，走，咱们换裤子去。"

我拉着他换裤子，可是他死活不让脱。

我说："你瞧，幼儿园的裤子多好看，还有两个大口袋。"

可潞潞仍然拽着他的裤子不让脱。

经过一番周折，他对我说："我愿意穿湿裤子，湿裤子挺舒服的。"

这是小班幼儿处于"分离焦虑期"的正常反应，《指南》健康领域的目标中指出：健康是指人在身体、心理和社会适应方面的良好状态。幼儿阶段是儿童身体发育和机能发展极为迅速的时期，也是形成安全感和乐观态度的重要阶段。现阶段的他们明显对老师还不够信任，于是我选择尊重幼儿，没有坚持换裤子。

课间操结束，小朋友排队回教室。我时刻关注潞潞的情况。有小朋友发现潞潞尿裤子，大声说："潞潞，你又尿裤子了？"潞潞不吭声，只是回过头看了一下，满脸的不悦。

孩子们回到教室后，其他小朋友都去喝水了，我向潞潞走过去，微笑着小声告诉他："以后小便，要和老师说，好不好？"他笑着说："好。"我与他又聊了几句，他不再像刚才那样排斥我。

我想不经意间提起换裤子这个事，可是怎么打消他的顾虑呢？就目前看，他和我初步建立起了小小的安全感，愿意与我亲近。

思考了一会儿，我偷偷在他耳边说："刚刚老师洗手不小心弄湿了袖子，挺不舒服的，想去换个衣服，你陪我一起去好吗？"

他点点头。

我换好衣服，表示心情愉悦，然后不经意地说："新换了衣服真舒服，你换吗？"

潞潞先是愣了一下，然后说："换吧。"

我舒了口气，成功给他换掉了湿裤子。

换上干爽的裤子，潞潞明显开心起来。

《指南》指出：幼儿身心发育尚未成熟，需要成人的精心呵护和照顾。幼儿是独立的个体，虽然年龄小，但有自尊和自己的想法，教师要尊重幼儿，更不能在公开场合指出幼儿的不足之处，要保护幼儿的自尊心，用幼儿能够接受的方法进行引导。

为了进一步拉近潞潞与我的距离，帮助他尽快适应幼儿园生活，我增加了与潞潞的互动。

第二天早上入园时，潞潞跟着奶奶走进了教室，头上戴着一顶可爱的小蓝帽，我看到后说："这顶小帽子真可爱。"

潞潞笑了笑。

潞潞奶奶说："昨天晚上，潞潞说可喜欢你这个老师。"

我心里一暖，看向潞潞，潞潞脸微微红了一下。

潞潞奶奶走后，潞潞又像之前一样变得局促，我蹲下来抱住他，彼此说了几句悄悄话。

然后自然而然地帮他脱帽子、外套。

我发现他的上衣口袋鼓鼓的，就随口问他："你的口袋里是不是有宝贝呀，能让我看看吗？"

潞潞说："是山楂片，老师，给你吃。"

我能感觉到我们之间又亲近了一些。

我谢谢他的分享。

《指南》指出：要以欣赏的态度对待幼儿。注意发现幼儿的优点，接纳他们的个体差异，不简单与同伴做横向比较。后来我继续对潞潞进行跟踪观察，发现他是一个很细心的幼儿，有自己的闪光点，于是就会分配给他一些小任务，他做得都很好。每次得到老师与同伴的认可，他就会很开心，逐渐变得大胆起来。

从潞潞的例子中，我明白了观察的重要性，也会努力营造温暖、轻松的心理环境，让幼儿形成安全感和信赖感，从而自由、自主地在幼儿园生活与学习。

于是，我也多次重读《指南》，时刻以《指南》为指引，做出科学的教育引导。

《指南》强调：我们要重视幼儿的学习品质。幼儿在活动过程中表现出的积极和良好行为倾向是终身学习与发展所必需的宝贵品质。要充分尊重和保护幼儿的好奇心和学习兴趣，帮助幼儿逐步养成积极主动、认真专注、不怕困难、敢于探索和尝试、乐于想象和创造等良好品质。全面地观察是为了在评价幼儿的学习与发展的时候尽可能地做到客观和真实，同时也是为了了解每个幼儿的独特性，从而更好地对幼儿的各项学习给到足够的支持和鼓励。

在一次自主游戏中，菲菲、成成、妮妮、小宇等几个小朋友在认真地观察被切开的各种水果。他们时而低头看看，时而侧头看看，时而用鼻子闻闻，时而用小手去抠一抠。

在游戏快结束时，成成喊起来："老师，小宇把好几个种子都装到他的口袋里了。"

我看向小宇,只见小宇两只手紧紧地摸着自己的口袋。

菲菲说:"这是偷种子。"

小宇反驳:"才不是。"

我笑着对小宇说:"小宇,咱们一起数数你手里的种子吧。"

气氛得到缓和,他紧握的双手慢慢松开了。

然后他把几颗种子放在了桌子上。

数完种子,我看着小宇说:"小宇,你要这些种子有什么用吗?"

他说:"刚才在观察水果种子的时候,我在想这些水果是种子长大后结出的果实,就想把这些种子种起来,让它长成果树,结出很多水果让小朋友们吃。"

原来如此。

这就是独特的"儿童观"。

《指南》指出:幼儿的科学学习是在探究具体事物和解决实际问题中,尝试发现事物间的异同和联系的过程。成人要善于发现和保护幼儿的好奇心,真诚地接纳、多方面支持和鼓励幼儿的探索行为。我们要尊重、保护幼儿的合理需求,支持幼儿建构新的需求。于是,我向小朋友们说明了小宇的想法,大家都觉得小宇的想法很棒,也都同意他把种子带回家进行种植。

当教育的重心转到幼儿本身的学习与发展上时,教育的设计就不再是以内容为出发点了。教育应该是在幼儿现有的经验、能力与新的经验、能力之间搭建桥梁,因此,观察、了解幼儿便成了我们实施教育的出发点。

在教育教学中,我们观察儿童要尽量做到详细、真实、准确、非主观判断、无偏见,用我们的细心、耐心,走进童心,感受、聆听独属于儿童的精彩世界。

山西省晋城市健健幼儿园 安选兰

与自然为伴，以自然为师

在全面贯彻落实《指南》的同时，我们深度剖析学习者的特征，强调儿童的真实体验和兴趣动机，通过对园所及周边社区自然环境、自然资源的认识，为幼儿搭建不同的活动和途径，去发现、去探索、去感知，站在幼儿的视角挖掘身边自然中隐藏的教育价值，依托触手可及的教育材料，支持幼儿的可持续发展。

《指南》明确指出：幼儿的学习是以直接经验为基础，在游戏和日常生活中进行的。要珍视游戏和生活的独特价值，创设丰富的教育环境，合理安排一日生活，最大限度地支持和满足幼儿通过直接感知、实际操作和亲身体验获取经验的需要。陈鹤琴先生曾说过："大自然、大社会都是活教材，是最活的书，应该向大自然学习。"自然是儿童天然的栖息地，儿童与自然的联结是天性使然。

我们生活在自然中，大自然就是最好的老师。

春生夏长，秋收冬藏，天下万物都有其生长的自然规律，无论是刚刚萌芽的小草，还是说不出名字的虫子，无一不引来幼儿的好奇和发问，我们时刻以《指南》为指引，为幼儿创设充分走进自然、亲近自然的机会，支持幼儿在尽情享受这份快乐的同时，获得有意义的经验。

秋季，树叶渐从树上飘落，幼儿不停地捡拾各种树叶，玩得很开心。

幼儿们收集的树叶摆满了班里的两个大桌子。

昊昊说："这样太乱了，我们保存起来吧。"

商量之后，他们把这些"收获"放到了自然角中，一有时间就来欣赏它们。

在摆弄叶片的过程中，有的幼儿按颜色、有的按形状，还有的幼儿按叶片的干枯程度进行分类。

我和幼儿们还一起用麻绳、小木夹将收集来的各种各样的叶子悬挂了起来，举办了"叶子博览会"，让幼儿们可以随时对叶子进行"参观"与"欣赏"。

但是叶子放在班里几天后就变得又脆又烂了。

幼儿们商量如何让叶子"保鲜"。

有幼儿说可以放在冰箱里，有幼儿说可以插入泥土中，有幼儿说可以泡在水里。

于是幼儿在透明瓶子里装上水，把叶子放进瓶子里，叶子在水中上下来回地漂浮、流动着，有些叶子的颜色也变得不一样了。

幼儿们颠过来倒过去，反复摆弄和欣赏着自己制作的"叶子摇摇瓶"，感受不一样的美妙！

同时，幼儿们对手上的每一片叶子都倍加珍惜。

随着更多叶子变得又脆又烂，幼儿们在想院子里的落叶是不是也一样呢？

他们来了兴趣，想去一探究竟。

他们一起踩落叶、撒落叶，乐此不疲地反复玩。

在阵阵惊喜和欢笑声中，幼儿们感受着树叶拂过脸颊的惊喜、惊奇，体验着叶子飘落的壮观与美妙。

小小的叶子引发了幼儿很多的好奇，成了幼儿们愿意用小手、双眼、鼻子、耳朵等多种感官去感受和体验秋天的窗口。

什么是课程？

幼儿园一日生活皆课程。

大自然作为活教材，为幼儿提供了丰富的探索和学习的机会。

幼儿会因为兴趣持续地探究，从而保持学习的持续性。

在接触叶子的过程中，幼儿们发现叶子的形状不一样，他们仔细去观察、去对比、去验证，通过反复的实践，他们还发现了叶子的对称性，这些都是探索学习的成果，符合幼儿玩中学的特点。

随着地上的落叶越来越多，幼儿们仔细观察叶子飘落的过程。

依依惊喜地说："叶子掉落的时候，就像在跳舞一样。"

于是他们用身体模仿落叶跳舞的样子。

玩尽兴了，幼儿还会通过画笔来画一画落叶的过程，感受落叶的独特性和飘落时的别样之美，体验探究的乐趣。

幼儿在这样的观察和探索的过程中，积极参与、专注认真、乐于表达、乐于想象，培养了良好的学习品质。

后来，天气越来越冷，幼儿园里的树都变得光秃秃的了，大树下、草丛中、小路边、操场上，到处都是落叶。

来不及打扫的话，看上去很凌乱。

有幼儿说："这些落叶像垃圾一样。"

"看上去太乱了。"婷婷说。

那么，树叶掉落后是不是就变成垃圾了呢？

班级里的小博士昊昊说："落叶是可以做肥料的。"

一下子幼儿们的好奇心又上来了。

他们一起查询资料和问询有经验的老师，了解到树叶可以回到大地中，作为大树生长的肥料，同时帮助冬天的大树更好地过冬。

于是他们一起发起了一场落叶堆肥的活动。

他们把扫出的叶子放到堆肥箱中，之后持续观察这些叶子的变化。

日子一天天过去，落叶从黄色、红色、棕色慢慢变成了接近土壤颜色的褐色和黑色。

真神奇，就像变魔术一样。

有了堆肥的经验，幼儿们再次阅读《一片叶子落下来》绘本时，进一步了解了生命循环的自然规律，感受到了生命的意义和价值。

从一片叶子出发，幼儿们不仅对幼儿园各种各样的树木和树叶有

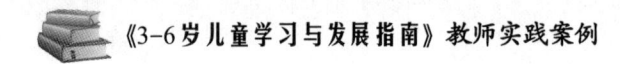

了更多的了解，而且借由对自然资源的了解，丰富了活动内容，增进了对自然的亲近之感感。幼儿就此开始学习关爱自然、热爱自然与生活。

  在陪伴幼儿成长的过程中，我们积极思考，践行着《指南》的要求，从最开始什么都想告诉幼儿怎么做，到尝试着不直接给予答案，将重心放在为幼儿创设充满观察和探究机会的环境，引发幼儿积极探究上。在这个过程中，我们发现了更多的灵动和可能性，有了更多课程生长和创造的空间。

中国人民解放军海军机关幼儿园 胡洋

助推生活课程的实施

课程的意义取决于是否使幼儿获得幸福与成长。

课程不应只是高不可攀，居于书本阁楼之上的东西，课程不应只是书本上的文本，更应该体现在幼儿生动的行为与丰富的生活中。

《指南》科学领域提出：幼儿对周围事物、现象感兴趣，有好奇心和求知欲；能运用各种感官，动手动脑、探究问题；能用适当的方式方法、交流探索的过程和结果……可见，幼儿的学习是幼儿主动探索、发现的过程，而不是被动接受知识的过程，幼儿的探究学习应从身边的事物开始，促使课程生活化。

为了突出生活课程的理念，在带领幼儿探索"昆虫王国"这一主题时，我鼓励幼儿收集生活中不同昆虫的资料，积累一定的知识经验，以便于接下来的实践探索。

但由于收集到的昆虫种类繁多：有天上飞的，有水里游的，有陆地上跑的……一时间不知道该从哪种昆虫下手进行观察探索。

为了寻求幼儿的兴趣点，我和幼儿开展了一次"深入研讨"，把"难题"抛给幼儿，但幼儿们为此争论不休。

带着疑惑，我们一起走在幼儿园的紫藤花架长廊下，在实际的场景中去搜寻、发现我们可以展开探索的对象。

在休息的时候，甜甜喊道："这里有只蚂蚁。"

小伙伴们都被喊声吸引了过去。

果然，长廊瓷砖的缝隙中有一些小蚂蚁，黑乎乎的，正忙碌地搬运着什么。

"快看，它们在跑步呢！"

"这几个小蚂蚁应该是在一起搬食物吧。"

"它们要到哪里去啊?"

"它是怎么吃东西的?"

"它是怎么睡觉的?"

……

随着一系列问题的发现和提出,幼儿们一致决定要对蚂蚁展开探索。《指南》也指出:教育内容的选择既要贴近幼儿生活来选择幼儿感兴趣的事和问题,又要有助于拓展幼儿的知识经验与视野;既要适合幼儿水平,又要有一定的挑战性。鉴于此,幼儿们带着强烈的求知欲和好奇心,开启了"探秘蚂蚁"之旅。

让幼儿在课程的"跑道"上自由地成长,既体现了幼儿活动的自主性,又体现了新的课程观——开放性。当幼儿按照自己的意愿,在课程的"跑道"上尽情驰骋时,教师适时适度地"助推",则反映了教师在实施教育目标时的一种教育智慧与教育策略。

接下来,每天晨间入园或午饭后,我会及时组织幼儿去观察蚂蚁,并贯彻《指南》中提出的"支持幼儿在接触自然、生活事物和现象中积累有益的直接经验和感性认识,引导幼儿在探索中思考,发现事物之间明显的关联"。于是,幼儿从简单的观察蚂蚁外表的样子,到观察它们喜欢吃什么食物、怎么吃的,不同种类的蚂蚁有什么地方不一样,发现了不同形状的蚂蚁有不同的喜好,运动方式也不同。观察活动不仅促使幼儿的探索更深入一步,而且还让幼儿了解到了蚂蚁与蚂蚁之间、蚂蚁与人类之间的关系……

强烈的求知欲富有神奇的魔力,吸引着幼儿不断去探索、去发现。幼儿在找找、看看、说说、玩玩的过程中,不仅了解了蚂蚁的外形特征、种类以及习性,还将获得的新经验迁移到生活学习中,引发了积极体验。他们拿着各种工具、反复尝试不同方法,穿梭于幼儿园里的各个角落,一步一步验证和解决自己提出的问题,"小小蚂蚁"为幼儿们的探索带来了大大的精彩。还有幼儿在家与爸爸妈妈走向户外,亲子共同探秘蚂蚁,来园后把自己的发现分享给小伙伴们,促使课程的主题得到不断的拓展与延伸……

在这次探索型活动中,我们关注幼儿自主性的发挥,给予他们在课程"跑道"上自由"成长"的时间和空间。同时这也给我们积累了一定的经验,当幼儿按照自己的意愿、速度和方式尽情驰骋时,教师应当如何"助推"呢?"助推"的内涵与作用又是什么呢?我们的理解是:

第一,"助推"就是欣赏与观察。教师应关注幼儿平时的探索活动。幼儿的每一个发现、每一个活动过程都是他们智慧的闪光点,都是他们兴趣的反映,都有一定的价值。作为教师,要尊重幼儿的兴趣,要学会理解和欣赏,要让幼儿找到适合自己的学习方式。

第二,"助推"就是鼓励与加油。在活动中,幼儿的每一次尝试都是一种新的体验,教师要以同伴的身份为他们助力与加油,并引导幼儿之间互相提建议,让他们彼此碰撞出智慧的火花,从而一起体验完成任务的喜悦。

第三,"助推"就是支持与引领。引领并不是"教",而是让幼儿在活动中运用各自已有的经验,选择适合自己的活动内容和学习方式。但教师有时可以给幼儿一些建议,至于这些建议幼儿是否采纳,则由他们自己决定,即使他们做了错误的决定也无妨,因为那也是一种学习经验的获得。

充满活力的生活课程,助推幼儿在"成长"的跑道上勇往直前。

幼儿需要什么,我们就"点亮"什么,这就是课程的宗旨。

我们应以《指南》为指引,深入学习并贯彻《指南》,为幼儿创设宽松和谐的学习氛围,让幼儿按照自己的能力和意愿,自主地选择学习内容和活动伙伴,主动地进行探索与交往,通过实践操作感知体验,在充满愉悦和自信的体验中感受学习的快乐,形成积极的学习态度,养成活泼开朗的性格和终身受用的良好品质。

江苏省常州市新北区魏村中心幼儿园 贺丹英

助力幼儿探秘绘本剧

《指南》指出：大班幼儿能有序、连贯、清楚地讲述一件事情，能根据故事的部分情节或画面的线索猜想情节的发展，或续编、创编故事。早期阅读对促进幼儿语言和思维的发展具有重要的价值，良好的阅读能力可以为幼儿今后的学习打下良好的基础。而绘本表演就是对绘本故事的情节再现，幼儿通过扮演角色与其他伙伴在表演时进行交流，不仅能培养自信心，还能在表演过程中通过与其他角色的互动增强语言表达能力。根据《指南》的要求，本着"幼儿在前"的教育理念，我们以绘本为载体，尝试围绕绘本开展创编与表演活动。

为了突出幼儿的主体性，在绘本的选择上，我们充分听取幼儿的建议，挖掘他们感兴趣的内容。经过投票，《我的幸运一天》《彩虹色的花》《谁咬了我的大饼》票数最高，在这三个绘本中，幼儿们又通过摁手印的方式选出《彩虹色的花》来改编绘本剧。

在进一步熟悉《彩虹色的花》绘本后，幼儿们对自己想要演的角色已经有了一定的认识，我们趁机利用饭后、自主活动的碎片时间，鼓励幼儿自己绘画想要出演的角色。

在幼儿们的绘画中能够看到"小蚂蚁"成为了他们心中的首选，既然大家都想演"小蚂蚁"，那么我们就让幼儿通过协商解决问题。

经过激烈的讨论，幼儿们决定采用"石头剪刀布"的方式去选角色。

角色选出后，大家又开始商量道具的制作。

想要让绘本剧演出时呈现的效果好，道具、服装是很重要的。

演出的服装怎么弄？舞台可以怎么设计？

……

《指南》指出：要鼓励幼儿做力所能及的事情，对幼儿的尝试与努力给予肯定，不因做得不好或做得慢而包办代替。基于《指南》的指引，我们放手让幼儿们做决定。

幼儿们你一句我一句地说着，还想到让家长参与一起设计制作演出服装。

我们将幼儿的想法告诉了家长，家长们表示支持。

在亲子一起制作演出服的过程中，有效促进了亲子关系，家长资源也被有效利用。

有了演出服，我们鼓励幼儿体验做导演、做编剧。

幼儿的艺术表现与创造有时并不会按照预想和计划来进行，而是依据自己的构思与表达不断地进行调整，他们围绕绘本内容不断地优化与改进，增强了角色体验。

改编好了绘本剧，就要开始排练，但排练也是讲究方法的。

大班幼儿虽然能够持续 30 分钟左右的安静时间，但时间一长就会出现消极的情绪，所以时间需要控制好。

排练的时候，会有部分幼儿处于等待的状态，为了不出现消极等待的现象，需要两位教师的默契配合，一个教师带领一部分幼儿进行排练，另一个教师组织剩余幼儿进行对话练习或者学习动作来转移注意力。

当然，场地的选择也很重要。为了给幼儿提供可以尽情发挥的场地，我们和其他班进行协调，保证幼儿有充裕的时间利用多功能室进行排练，幼儿在宽敞的环境下注意力更集中，也更能全身心投入到排练中。

为了提高节目的质量，在日常的排练中我们会注重让幼儿进行互相评价，引导幼儿说说自己和同伴在表演中的一些优点和需要改进的地方。

在一次次的互动评价中，幼儿的表演越发像模像样。

我也深刻理解《指南》提出的"幼儿的学习是以直接经验为基

础，在游戏和日常生活中进行的"，幼儿通过探讨、分工合作、日常排练，就是对绘本的深度学习，不仅提高了认知，升华了情感，其计划性和组织协调能力也在不断提升。

万事俱备，只欠东风。

幼儿们精心排练的绘本剧，在"六一"儿童节这一天登上了舞台，演出后获得了一致好评，也得到了家长们的认可，幼儿们体验到了成功感。

陶行知曾说过："我们发现了儿童的创造力，认识了儿童的创造力，就必须进一步把儿童的创造力解放出来。"可见创造力对幼儿的发展有着举足轻重的作用。这次"探秘绘本剧"，使幼儿对绘本剧表演有了更深入的了解，同时培养了幼儿的创造力、想象力；也使幼儿明白了绘本剧表演的全流程，是需要在绘本的基础上进行内容加工、角色分配、舞台设计、道具制作的，然后通过反复排练，最后登上舞台演出。在这个过程中，幼儿们一起讨论材料的来源、如何制作、请谁帮忙，使得幼儿之间的合作更主动、更默契。

俗话说"台上三分钟，台下十年功"，虽然幼儿在台上的表演只是短暂的几分钟，但台下花的时间可远不止这几分钟，这使幼儿明白坚持的重要性，同时培养了幼儿刻苦耐劳的品质。

我们也更加明白，不能只重结果而轻过程，要以"幼儿为本"，不应直接"教"给幼儿什么，而是在活动的过程中幼儿体验了什么、学到了什么。

通过这次"探秘绘本剧"，幼儿也掌握了一些选择绘本进行阅读的技巧，产生了更加积极的阅读兴趣，有助于他们阅读能力的提升，较之以往，幼儿的阅读兴趣也更加浓厚了。

浙江省海宁市许村镇庄湾幼儿园 杨夏燕

幼儿"写绘记录"思与行

《指南》指出：可以让幼儿在写写画画的过程中体验文字符号的功能，培养书写兴趣。前书写是指儿童在未接受正式的书写教育之前，根据环境中习得的书面语言知识，通过涂鸦、图画、像字而非字的符号、接近正确的字等形式进行的书写。

写绘记录所需材料只有纸和笔，属于低结构的书写材料，为幼儿提供了广阔的书画空间。写绘记录可以展示记录者的思想、个性等，对幼儿来说，写绘记录给了他们一个表达内心想法的空间和机会。

一、写绘记录的重要性

幼儿"写绘记录"的行为对于幼儿的身心发展有着不可估量的重要意义。有研究表明，幼儿的前书写水平与幼儿小学阶段的书写阅读表现存在显著的正向相关关系。

幼儿在前书写活动中需要用纸笔等书写工具来传递信息和表达感情，而涂写的过程则有利于幼儿手指的精细动作发展。同时，前书写活动能够很好地培养幼儿的书写兴趣，帮助幼儿掌握正确的书写姿势，形成良好的书写习惯。

教师在观察、分析写绘记录中可以深度解读幼儿行为，理解幼儿传达的思想，了解幼儿的内心需求，有效评价幼儿的学习、成长过程，进而有针对性地调整教育行为，提升专业能力。而教师依据幼儿写绘记录中的问题进行针对性教育，能更好地促进幼儿全面发展、个性发展，使他们学会用绘画、文字、符号表达内心所思所想，以便更易于适应未来学校生活和人才竞争的需求。

可以看出,"写绘记录"对于促进幼儿书面表达能力、语言发展以及幼儿的文字意识培养起着重要的作用。在一日活动中,幼儿处处可以进行写绘,教师通过幼儿写绘的内容,可以抓住幼儿感兴趣的话题,分析了解幼儿共同关注的热点问题,可以很好地确定新的主题活动思路,不断丰富课程内容,促进课程的多元化发展。

而从幼小衔接的角度来看,写绘记录可以有效提高幼儿记录的兴趣、发展幼儿阅读理解的能力、帮助幼儿养成良好的前书写习惯、发展幼儿手部的灵活性及手眼协调能力,为入小学后书写汉字、阅读识字、书面表达等相关学习内容做铺垫。

幼儿的阅历和知识构成都是简单的,幼儿对"写绘记录"从不认识到熟悉,需要教师一步步的引导。

如何让幼儿开拓思路,拓展绘画的内容,真正让"写绘记录"表达幼儿的生活经验,表达幼儿真正想表达的内容,这需要教师进行居中点拨,采取教学活动或者提问的方式给予帮助,让幼儿了解怎样将我们想要表达的事情记录下来。

幼儿的学习与发展是整合的,"写绘记录"可以有效地呈现幼儿对生活的探索、记录情感的体验、提升学习的经验。

二、写绘记录的内容

考虑到幼儿的年龄特点,写绘记录的内容可以从以下四个方面入手。

1. 写绘绘本

在开始"写绘记录"之前,教师可以组织幼儿阅读绘本《蚯蚓的日记》,使幼儿通过观察画面了解记录日记的格式。在活动的过程中,通过逐步引导:今天是几月几日?你在幼儿园里做了什么?早上我们玩梯子,玩好梯子又做了早操,然后回到教室吃点心、上课。经过简单的梳理,再尝试让幼儿将这些活动以"写绘记录"的形式进行记录。

2. 写绘生活

依据《指南》的精神,可以从小班开始,在班级植物角投放观察记录本，让幼儿通过涂涂画画的形式来记录植物的成长。到了中班，教师可以有意识地提醒幼儿今天是星期几，鼓励幼儿尝试将周期记录在自己的观察本上。而到了大班，可以用几月几日的形式去提醒幼儿记录时间以及天气预报。当幼儿再次拿出自己的植物角观察记录时就会发现，植物角的观察在悄然无声中成了"写绘记录"。

3.写绘游戏

游戏是幼儿活动的基本方式。在幼儿园中，幼儿一日生活就是在游戏中度过的，如户外游戏、区角活动、创造性游戏等。在这些游戏中，总有一些游戏趣事值得幼儿去关注和记录，以方便教师对幼儿的发展及时关注。比如在餐后的自主游戏或离园十分钟活动中，引导幼儿将自己开心或者最想记录的事画下来，通过幼儿的作品来解读他们的心思，了解他们内心深处的想法，帮助幼儿解决他们解决不了的问题，同时也培养了他们进行记录的习惯。

4.写绘家园

家庭是幼儿园重要的合作伙伴，幼儿"写绘记录"的创作离不开家园的共同配合。家长对幼儿坚持"写绘记录"的关注和配合，直接影响着幼儿"写绘记录"的创作水平。在家庭日记中，家长可以和幼儿一起共画、共写，品味幼儿成长道路上的点滴，让幼儿体会到标志、文字符号的用途。

三、写绘记录的形式

写绘记录的形式要避免单一，多样的写绘记录可以有效提高幼儿的记录兴趣。

1.调查表

在主题开展之前，教师往往会让幼儿进行一些有关的前期铺垫，好让幼儿对下一主题有初步的了解。但是口头的布置容易让幼儿忘记，家长对幼儿园近期开展的主题活动不了解。因此采用调查表的形式，让幼儿采用图画、符号和类似文字等形式进行记录，记录幼儿想要表达的意思，可以让幼儿感受到记录的意义，同时也起到了家园联系的桥梁作用。

2.计划书

做计划不仅能帮助幼儿培养良好的生活行为习惯，也可以借由幼儿的书写，帮助他们了解书面语言在日常生活中的实际应用，并获得一些初步的书写技能。例如，当幼儿园遇到春游、秋游的时候，可以请幼儿画一画出游前的一些准备、计划到哪里玩等。

3.备忘录

幼儿到了大班，面临幼小衔接，如何有效培养幼儿做事的游戏性、计划性，是需要教师进行关注和思考的。很多时候我们会发现，前一天给幼儿布置的小任务，第二天来园就忘记了。于是我们采用备忘录的形式，让幼儿用简笔画简单又快速地将自己想要记住的事记录下来，一来培养幼儿的责任意识，二来加强对幼儿前书写"技能"的培养。

4.日记

幼儿的"写绘记录"相对于日记来说还不是很规范，因此在家园互动中我们邀请家长一起合作，支持幼儿养成使用前书写的方法记录日记的习惯。日常生活中的重要事件往往是幼儿愿意表达和记录的，同时日记能够让教师和家长观察幼儿前书写的发展和变化，容易发现幼儿哪些方面有了进步，哪些方面还需要更多的支持。

5.标签

在各班，我们能看到教师收集了很多的纸箱、塑料筐供幼儿摆放材料，但是几次取放后还是会发现有幼儿找不到对应的物品箱。教师可以采用图片的方式进行标记，但有时候幼儿不能理解图片的意思，这时可以通过画标签的形式，引导幼儿观察、发现物品的特征，然后通过图画制作标签，这样既能激发幼儿涂涂画画的前书写兴趣，也能体现幼儿个性化的制作能力。

上海市嘉定区迎园幼儿园　吴晓蓉

多样化的亲子阅读

《指南》指出：应为幼儿创设自由、宽松的语言交往环境，鼓励和支持幼儿与成人、同伴交流，让幼儿想说、敢说、喜欢说并能得到积极回应。为幼儿提供丰富、适宜的低幼读物，经常和幼儿一起看图书、讲故事，丰富其语言表达能力，培养其阅读兴趣和良好的阅读习惯，进一步丰富学习经验。阅读是一种能力，生长在终身学习时代的幼儿，面对日新月异的知识信息和价值多元化的世界，需要养成自主阅读的习惯，通过阅读与书本不断对话，逐渐学习独立思考。

那么，3-6岁幼儿如何养成良好的阅读行为习惯呢？这是我们一直思考的问题。

为了更好地为家长提供服务、帮助幼儿学会灵活利用时间进行阅读，"云端沟通"应运而生。

"云端沟通"主要通过公众号、钉钉、电话等，促进教师、家长在线上进行信息交流，为家长提供亲子阅读的合理化建议。这种在线指导的方式，无疑提高了亲子阅读的质量与水平。

一、多样化的学习途径

"云端沟通"的学习途径多样化，主要表现为云端推送模块化、云端共享互动化、云端阅读日程化。

1.云端推送模块化

如何有效通过云端指导家长在家开展亲子阅读活动，推送模块化的应用受到了家长的一致欢迎。我们借助公众号、班级群等途径，推广亲子阅读相关栏目，以模块化的形式分享内容，如"阅读心得"

"绘本推荐""亲子共读小技巧""云端故事会"等，丰富的内容不仅提高了幼儿的阅读兴趣，提升了亲子阅读质量，还增进了亲子情感。这种模块化的方式不再受到空间和时间的限制，家长可以灵活利用资源，做到随时、随地、随心，自由、自主地使用素材开展亲子阅读。

2.云端共享互动化

云端共享互动化让家园的联系更为频繁。即使在假期中，我们也会通过多种形式的互动，保持与家长和幼儿的紧密联系，确保亲子阅读不中断。家长可以往云端上传幼儿在家进行亲子阅读的视频或照片，不仅将"园→家"的单一沟通模式转化为"家→园→家"的双向沟通模式，让家与园之间的沟通更亲密，而且让幼儿通过云端互动，分享自己的阅读趣事，提高了幼儿的语言表达能力和大胆展示自己的勇气。

3.云端阅读日程化

根据幼儿的年龄特点，我们以各种形式开展日程化的阅读互动，如"一周阅读推荐""周末故事会""睡前小主播"等活动，尽量保证每天时间段相对固定、内容确定，便于开展亲子阅读，这样日积月累，帮助家长与幼儿建立良好的亲子阅读习惯。

二、多样化的亲子阅读策略

我们除了有丰富的学习途径，还有多样化的亲子阅读策略，如家庭阅读氛围的创设、绘本的选择、亲子互动形式的指导等。

1.家庭阅读氛围的创设

《指南》提到：幼儿应喜欢与他人一起谈论图书和故事的相关内容。家长与幼儿进行亲子阅读时，都需要调试好自己的心态，在轻松、良好的阅读氛围中汲取精神食粮。家长不应强调学科化的知识，更应注重阅读的学习品质，如幼儿积极阅读的态度和良好行为，或幼儿在阅读过程中的主动、认真、专注、创造等，这些都是阅读过程中的积极表现，家长应鼓励和支持幼儿这些良好阅读品质的形成。家长也应将陪伴幼儿阅读视为促进亲子情感且有趣的事情，不应有应付心理，我们提倡家长与幼儿共同学习，助力亲子阅读的可持续推进。

2.绘本选择的指导

（1）从年龄出发

不同年龄阶段的幼儿，智力发展和心理特征存在很大的差异，所以在选择阅读读物时，首先应考虑到幼儿的年龄特点。比如小班幼儿可以选择一些内容简单、图片清晰、色彩鲜艳的绘本，随着幼儿年龄的增长和认知的提升，可以选择一些有故事情节或具有科普知识的绘本。

（2）从兴趣出发

对于亲子阅读而言，最主要的是培养幼儿的阅读兴趣与阅读习惯，让幼儿在阅读中感受快乐。基于这样的目的，要尊重幼儿的兴趣选择绘本，幼儿对绘本感兴趣是促进积极阅读的重要因素之一。

3.亲子互动形式的指导

（1）找一找

亲子阅读时，家长可以提前熟悉绘本内容，给幼儿创设几个"找一找"的小游戏，让幼儿一边寻找一边阅读，帮助幼儿仔细观察画面、理解故事。通过"找一找"的方式，不仅增添了阅读的趣味性，也可以激发幼儿在阅读时的观察力、专注力、想象力，培养幼儿关注阅读细节的好习惯。

（2）猜一猜

《指南》提出：幼儿应能够根据故事的部分情节或图书画面的线索猜想故事情节的发展。在亲子阅读过程中，家长不必急于将绘本故事"讲完"，可以适当停顿，引导幼儿展开猜测和联想，并进行讲述，这样可以激发幼儿阅读的积极性，让阅读变得更有趣。

（3）演一演

《指南》提到：幼儿应能随着作品的开展产生喜悦、担忧等相应的情绪反应，体会作品所表达的情绪情感。幼儿喜欢表演，绘本故事可以为幼儿进行故事表演提供良好的素材，幼儿在表演中不仅可以加深对故事的理解，也能随着故事的发展体会角色的情感变化，培养幼儿的共情能力。而家长与幼儿一起表演，不仅能提高幼儿的表演兴趣，还能积累表演经验、感受阅读的趣味。

（4）玩一玩

亲子阅读强调家长与幼儿之间的互动，通过各种生动有趣的交流，引导幼儿产生阅读兴趣，形成良好的阅读习惯，同时提高阅读能力。当阅读和"玩"结合在一起，幼儿更能体验到不一样的快乐。例如亲子在阅读《落叶跳舞》时，家长可以和幼儿一起去大自然中寻找落叶，发挥想象将落叶组成跳舞的树叶小人，使阅读不仅是阅读，而且能衍生出好玩的游戏，让幼儿在"玩"的过程中就可以理解故事的意义。

（5）编一编

《指南》指出：幼儿应能够根据故事的部分情节或图书画面的线索续编、创编故事。幼儿的想象力闪耀着自由的火花，创编故事可以让阅读变得更鲜活、有趣。幼儿在创编故事的过程中，也可以发挥想象力和提高自信心，并感受语言和创造的魅力。

在《指南》的引领下，亲子阅读不仅为亲子交流创造了机会，而且也让家长与孩子体会到了阅读的重要性。整个阅读过程更是给幼儿带来了欢喜、智慧、热情和信心。

上海市嘉定区迎园幼儿园 吴晓蓉

经验分享

小班幼儿共情能力的培养

《指南》指出：幼儿在与成人和同伴交往的过程中，不仅要学习如何与人友好相处，也要学习如何看待自己、对待他人，不断发展适应社会生活的能力。家庭、幼儿园和社会应共同努力，为幼儿创设温暖、关爱、平等的生活氛围，建立良好的亲子、师生和同伴关系，让幼儿在积极健康的人际关系中获得安全感和信任感，发展自信和自尊，形成基本的认同感和归属感。

小班幼儿常因小事闷闷不乐或嚎啕大哭，那么，如何引导小班幼儿站在对方的角度思考问题，帮助他们避免人际冲突？如何帮助他们与伙伴、老师、父母建立友好同伴关系、和谐师幼关系及温馨亲子关系？如何保证他们的心理健康及各方面能力同步发展？这就需要家园协同"激活"小班幼儿的共情能力。

共情能力不是自然而然形成的，而需有意识的引导和持续的训练。小班是幼儿共情能力训练的"锻铸"期，幼儿园、家庭和社会是幼儿共情能力成长的基地，老师和家长是幼儿共情能力发展的助推器，家园需携手共建良好温馨的生活学习氛围，助推幼儿健康成长。

《指南》提出：成人要主动亲近和关心幼儿，经常和他一起游戏或活动，让幼儿感受到与成人交往的快乐，建立亲密的亲子关系和师生关系。幼儿的社会化很大程度上是在亲子、师幼、幼幼互动中进行的，亲子关系、师幼关系、同伴关系的好坏，影响着幼儿的社会化、性格、共情能力等方方面面。教师与家长要及时沟通交流，通过多种方式全面了解幼儿心理、学习、生活等各方面情况，分析幼儿的个性特点，刻画肖像，并根据实际情况因材施教。

《指南》提出：幼儿的社会性主要是在日常生活和游戏中通过观察和模仿潜移默化地发展起来的。成人应注重自己言行的榜样作用，身教胜于言传，幼儿在模仿和学习的过程中，可以潜移默化地学会体谅和与他人共情。成人要及时表扬和鼓励幼儿做出的共情行为，引导幼儿主动共情。幼儿在帮助他人时能够获得成就感，就会愿意继续做下去，久而久之共情能力就会不断发展、强化。

　　《指南》作为家园协同"激活"小班幼儿共情能力的纲要方针，教师与家长要注重学习并践行《指南》的精神，科学引导幼儿共情能力的发展。

　　小班幼儿往往以自我为中心，可以多创造幼儿与小动物、小朋友接触的机会，培养幼儿的觉察能力。幼儿在与他人接触的过程中，可以去感受他人情绪的变化，去理解他人为何伤心、开心、害怕等，是培养共情能力的有效方法。游戏作为幼儿喜欢的活动方式，成人也要给予幼儿充足的时间、空间，让幼儿与同伴自主游戏，幼儿在自主游戏过程中可以逐步培养合理分工合作、倾听他人意见、共同完成任务、分享交流感想、共同解决问题等共情能力。

　　由于幼儿喜欢模仿，《指南》也提出"要结合具体情境，引导幼儿换位思考，学习理解别人"，那么角色游戏可以作为培养幼儿共情能力的方法之一，幼儿通过角色扮演，可以体验各类社会角色的不同，体会各类角色的不易，从而激发共情能力。角色游戏也可以运用在家庭中，比如让幼儿扮演爸爸妈妈，在家从事家务劳动，如餐后收拾餐桌、丢垃圾等，通过这样的家庭角色扮演，让幼儿体会到爸爸妈妈的辛劳付出，从而培养幼儿主动承担家务劳动的意识。

　　小班幼儿是集体意识启蒙的关键期，在园时教师可通过一日活动的各环节，给予幼儿不同的角色身份，比如当"小组长"，组织同伴整理游戏材料；当"小队长"，提醒伙伴们认真做操；当"小班长"，给小朋友起带头作用；当"值日生"，监督同伴整理书柜和打扫卫生等。通过体验不同的角色身份，可以让幼儿描述不同角色的情感状态，感受角色情绪，从而学会理解他人。而耐心等待作为培养幼儿共情能力的重要内容，教师和家长要通过园所一日生活的各个环节和家庭活动、外出活动等，帮助幼儿学会等待，让幼儿知道排队时不能插队、共同约定的规则要遵守，从而学会换位思考。

随着幼儿各方面能力的提升，也要注意对幼儿进行情绪教育。可以根据幼儿的最近发展区，选择适宜的绘本，引导幼儿对故事中角色的不同情绪进行分析和辨别，培养幼儿的共情能力。例如《我的情绪小怪兽》可以帮助幼儿理解不同情绪；《小恐龙呜呼回家啦》可以帮助幼儿学习倾听与表达，理解自己及他人的感受；《小丢丢》可以帮助幼儿懂得珍惜、善待他人；《不一样的"1"》可以帮助幼儿学习尊重、宽容、赏识他人及自我悦纳；等等。而在组织幼儿开展"情绪"教学后，可以鼓励幼儿画出不同情绪的表情，并说一说不同情绪的感受，让幼儿知道要做一个快乐的人，如果遇到不开心的事情要学会排解，注重幼儿的心理健康。

当幼儿共情能力发展到一定阶段后，幼儿对他人所处情境中的情感状态产生共情时，会有意识地对事件进行对错判断，用自己的语言进行评价，会自发地将已经形成的道德规范和社会规范调动起来，并在此过程中加以修正和改变。共情训练与幼儿的情感发展、道德发展有着密切的关系，通过共情训练，可以促进幼儿的道德感和班集体、家庭以及社会责任感的发展。

共情能力逐渐提升后，幼儿更容易感到快乐，会在生活中观察别人的处境并且主动靠近，给他人温暖的同时得到满足和成就，会用善良去感染身边的人，把温暖传递给身边的人，自己也会快乐。

共情能力培养的过程，能够推动幼儿将自己的生活链接到别人的生活里，用共情这束光照亮幼儿成长的旅程。作为老师和家长，我们不仅要用爱的眼光发现幼儿、读懂幼儿，还应引导幼儿关注他人、倾听他人、理解他人，共同促进幼儿心理健康及各方面的共同发展。

湖北省咸宁市直属机关幼儿园 黄一蛟 杨霞

幼儿主体性在语言活动中的发挥

《指南》提出：幼儿的语言能力是在交流和运用的过程中发展起来的。应为幼儿创设自由、宽松的语言交往环境，鼓励和支持幼儿与成人、同伴交流，让幼儿想说、敢说、喜欢说并能得到积极回应。也就是要发挥幼儿在语言活动中的主体性，创设和谐、宽松、民主的教育环境，从而使他们能主动积极地参与语言活动，提高语言的表达能力。基于《指南》的理念，我们从以下几方面进行了实践。

第一，创设语言情境，引发幼儿的自主性

幼儿是活动的主体，我们要给幼儿选择的空间，给幼儿创造成功的机会和条件。自主性是幼儿自我表达的灵魂，幼儿是自己行为的主人，他们有权对自己的活动做出自我选择和自我决定。皮亚杰认为：幼儿的发展是在与客体交互作用过程中获得的，幼儿与客体环境的交互作用越积极，主动发展就越快。

作为教师要与幼儿建立起融洽的师幼关系，用真诚的眼光同幼儿交流，用优美的语言、生动的表情创造一个亲切、宽松的语言交流环境；教师要仔细倾听他们的谈话，当他们出现语言表达障碍时，要不断地鼓励、支持，这样，幼儿会在民主、友爱的氛围中感到无拘无束，才能更有效地激发幼儿的语言表达欲望。教师也要为幼儿提供语言表达的机会，提高幼儿的交流兴趣，使每个幼儿都能够充分表达自己，培养幼儿语言表达能力。

第二，驾驭教学艺术，发挥幼儿的主观能动性

幼儿作为活动的主体，与生俱来便具有主观能动性。陈鹤琴先生

在他的"活教育"原则中提出"凡是儿童自己能想的，让他自己去想"，幼儿在活动中的能动性集中地体现在能主动、积极地作用于认识客体和改造客体，而不是被动地、消极地进行认识和实践。幼儿是发展着的、能动的主体，我们应该相信幼儿自身具有的巨大潜力。

1.采用多通道参与法

心理学理论提到：人在认知过程中开放的感知通道越多越丰富，理解也就越全面越深刻。在组织语言活动时，教师要充分发挥幼儿的"聪明才智"，让幼儿运用多种感官通道参与活动，以"谁想知道""谁会讲述"等问题，鼓励幼儿主动展示自己，幼儿的主观能动性被调动了起来，活动效果也就越好。

2.采用情境体验法

采用情境体验法，就是教师根据教学内容创设与之相适应的、形象生动的非语言环境，让幼儿在创设的情境和气氛中感受和体验各种美的事物，从而产生积极的态度，调动内在的学习动力，这种也是调动幼儿主观能动性的有效方法。

第三，调控师生互动，展现幼儿的独特性

幼儿的独特性实际上就是在活动中表现出来的差异性，它是幼儿主体性的重要表现。每个幼儿都有自己独特的内心世界，是鲜活、生动、独立的个体，是不可重复的、不可再造的价值主体，幼儿的语言能力是有差异性的，不能用同一个模式要求幼儿掌握语言，要针对幼儿的不同特点和能力，给幼儿提供不同的支持，通过激发碰撞、经验交流、情感共享等多种方式，帮助不同的幼儿发现、明确自己的问题和疑问。

1.师幼选择性互动

师幼选择性互动，就是教师根据互动内容的难易程度，有目的地选择语言发展能力强的、较好的或较差的幼儿进行互动交流，既能满足不同发展层次幼儿的需要，又能针对幼儿的差异性进行师幼间的互动，让幼儿能在活动中得到展示自我的机会，同时各方面能力也能得

到不同程度的提升。

2.师幼合作性互动

师幼合作性互动，就是让全班幼儿或一个组的幼儿合作与教师进行互动。合作性互动主要体现在对语言活动中一个问题的讨论，幼儿可以就同一个问题一起发表看法和观点，大家各抒己见。这种互动形式不仅使每个幼儿有机会表达自己的想法，同时也通过集思广益促使幼儿的经验得到进一步归纳与升华。

3.生生共享性互动

生生共享性互动，就是幼儿把自己的经验和看法与同伴进行语言交流。这种互动可以是两个伙伴、一个小组的同伴，也可以是幼儿自己选择要交流的对象，在这样生生间的互动中，幼儿充分表达，互相倾听、启发、讨论及协作，不断提高语言表达能力。

第四，支持语言想象，启迪幼儿的创造性

创造性是以探索和求新为特征的，它是个人主体性的最高表现和最高层次。对幼儿而言，幼儿在语言活动中的创造性，主要表现在对语句、词语的举一反三，对故事情节、事物的联想、想象，以及儿歌、诗歌、散文的仿编等方面。在活动中，教师可以通过让幼儿把看到的东西想象成另一种需要的东西，启发幼儿发散思维、积极想象，幼儿的思维越活跃，想象力就越丰富。幼儿本身又爱幻想，天马行空，教师不要限制幼儿如何做，而是应该充分发挥幼儿好想象的特点，给予肯定和引导，让幼儿在自由的、自主的想象中不断发挥、不断创造。

通过以上实践，让我体会到教师只有深入贯彻《指南》精神，不断更新教育观念，明确幼儿的主体地位，尊重、了解幼儿，为幼儿创设和谐、宽松、民主的学习环境，才能不断地促进幼儿主动性的发展。教师要学好《指南》、吃透《指南》，常学常思，每一次收获都是促进专业能力提升的重要体现。

四川省成都市高新区和美实验幼儿园　罗智

《指南》引领教师专业成长

多年来,《指南》一直在我平日的教育教学中起着指导作用,对个人的专业成长也产生了极其重要的影响。不同的阶段,我对《指南》的理解和运用也是不同的,比如在区域活动的组织中转变评价观、在集体教学活动的设计中把准教学观、在对游戏活动的观察中重塑能力观,等等。在《指南》的引领下,我关注幼儿解决问题、团结协作及创新创造的能力,力求真正印证"幼儿是有能力的学习者"。

一、在《指南》启发下组织区域活动,转变评价观

《指南》科学领域中提到:幼儿的科学学习是在探究具体事物和解决实际问题中,尝试发现事物间的异同和联系的过程。幼儿在对自然事物的探究和运用数学解决实际生活问题的过程中,不仅能获得丰富的感性经验,充分发展形象思维,而且初步尝试归类、排序、判断、推理,逐步发展逻辑思维能力,为其他领域的深入学习奠定了基础。基于《指南》的理念,我以幼儿园种养区为例,反观以往的评价实践,都是把教师作为评价的主体,轻过程重结果,导致幼儿没有有效地学习,忽视了幼儿科学学习的特点。在实际工作中,师幼应是学习探究的共同体,评价主体也应是多重的。幼儿自身不是被动的评价对象,而是主动的反馈者。还有家长的参与,家长作为家园合作的重要角色之一,也应是评价的主体,这样对幼儿的评价才能更客观、更科学。

《指南》还提到:要真诚地接纳、多方面支持和鼓励幼儿的探索行为。基于这种理念,我们把种养区游戏的评价从原有的总结性评价转变为形成性评价。形成性评价就需要教师采用多种方式收集和记录

评价素材，如采用拍摄视频、照片或文字记录等方式记录下幼儿在探索过程中的言行，关注幼儿学习的状态，用学习故事、编制评价记录量表以及CIPP评价模式分析幼儿学习的过程。另外，通过设置预约架、"我的问题"墙等，采用追问的引导方式或"你遇到了什么问题，如何解决"等聚焦问题解决的提问方式，让幼儿表述学习过程，这样可以增加幼儿的体验感和参与度。

就这样，我们循着《指南》的路线，转变评价观，聚焦幼儿多种学习能力培养的评价内容，以形成性评价的师幼互动方式，提高幼儿多方面的能力。

二、在《指南》引领下设计集体教学活动，把准教学观

每次学习《指南》都会有新的收获，有一次要参加音乐领域的优质课评选，我负责设计大班歌唱活动"月亮去哪里"，于是重读《指南》，对照《指南》中艺术领域的关键经验，我思考如何设计更加符合幼儿年龄特点的音乐集体教学活动。

《指南》艺术领域中指出：在大自然和社会文化生活中萌发幼儿对美的感受和体验，丰富想象力和创造力，引导幼儿学会用心灵去感受和发现美，用自己的方式去表现和创造美。基于此，在设计活动时，我首先在选择歌曲方面慎重考虑其适宜性。歌曲的选择，应有童趣并易于理解、记忆，结构应简单、多重复，形式应适于幼儿用动作来表现。大班幼儿对月亮变化的秘密充满好奇，而歌曲《月亮去哪里》情节简单、充满童趣、形象鲜明突出，并用小狗拟人的样态描绘出月亮的变化，幼儿觉得新奇又熟悉，对这首歌曲很感兴趣，于是我便把这首歌选入教学活动设计中。

《指南》也建议：要营造安全的心理氛围，让幼儿敢于并乐于表达、表现。教师对幼儿能力发展特点的理解以及对选材的匹配分析，有利于幼儿掌控感的获得，促进其更自然地表达表现。鉴于大班幼儿处在儿童早期音乐能力发展的第二阶段，即"符号运用阶段"中的

"审美形式感形成阶段"，表现为从"能理解、分辨响亮之声与柔和之声，能从一些简单的旋律或节奏型中辨认出相同的部分"到"在歌唱的音高方面已较为准确，明白有调性的音乐比不成调的音的堆砌好听"过渡的年龄特点，在不影响歌曲意境和连贯性的前提下，我把歌曲内容与旋律做了适当改编，使幼儿在倾听和教师的追问中逐步了解歌曲意境，并更好地结合歌曲内容表现不同的节奏，体验音乐集体教学活动的快乐。同时，游戏是幼儿喜欢的活动方式，在集体教学活动中，幼儿可以通过多种形式的游戏来表现歌曲，用自己的理解进行创作，从而更加积极主动地表达、表现自我。

我们也重视音乐活动与真实生活的链接，持续引导幼儿表达、表现，以践行《指南》中指出的"创造机会和条件，支持幼儿自发的艺术表现和创造"。比如在集体教学活动结束后，我通过提问和谈话的方式，拓展幼儿的自然知识，鼓励幼儿与教师、家长结伴继续探寻关于月亮变化的秘密，链接真实生活情景，丰富生活经验。

三、在《指南》激励下观察游戏活动，重塑能力观

随着对游戏观察的深入，我们再读《指南》，更清晰地把握3—6岁幼儿能力的发展序列，了解其发展的连续性，以更好地支持、引导幼儿。我们以观察建构游戏为例，首先明确游戏中幼儿的兴趣、经验及可能存在哪些领域能力的发展，其次明晰此年龄段幼儿在该领域中的发展现状及需要，最后与该年龄段末期应该知道什么、能做什么、大致可以达到什么发展水平做对比，提出有效帮助、促进幼儿从原有水平向更高水平发展的合理期望和基本方向及支持策略，以期更好地践行《指南》。而我也借此自我审视、自我激励，在不断关注幼儿的兴趣、经验和需要中，读懂幼儿，从而更好地支持幼儿，提升自身的专业知识和能力。

江苏省无锡市滨湖区胡埭镇中心幼儿园 席晓英

悟道《指南》，一路芬芳

时光深处，美丽相随。

回首践行《指南》的时光，我们追逐童心，不断调整自己的教育行为，收获一路的芬芳。

一直以来，我们从摸索解读《指南》寻找新课程理念，到构建出园本课程体系，从寥寥无几的课题到如今人人有课题，从单一课程到多轨课程……这一路，我们不断收获、不断成长。

一、调整课程管理模式，变被动接受为有思考的课程推动者

在实施《指南》的过程中，幼儿园有了全新的课程理念，从关注幼儿学习与发展的整体性出发，打破固有的使用省编教材预设课程的局限，成立课程领导小组，搭建清晰而有弹性的课程体系，将省编教材的内容园本化为基础性课程，以幼儿园阅读特色、申报的课题内容、地方非遗文化、幼儿园环境资源等内容为选择性课程，两者并驾齐驱。这样的课程结构，既能让新手教师从容实施幼儿园课程，又能让成熟教师有施展专业能力的空间。

我们通过园本教研、变革思想、课程审议等方式对幼儿园课程进行管理，让教师从原来的幼儿园课程内容的被动接受者转变成不断思考的课程推动者。

1.借力园本教研，保障基础性课程

我们把《指南》作为路标，认识到园本教研的研讨与交流应有更多的内容和更加多元的形式。"纸上得来终觉浅，绝知此事要躬行"，教师只有亲历幼儿园的课程建设，才能将新的理念运用于教育活动中。

园本教研是教师参与幼儿园课程建设，保障幼儿园基础性课程落

地实施的有效方式，在幼儿园课程领导小组架构好基础课程之后，我们便通过转变园本教研模式去落实课程的实施。由业务园长和教研主任每两周组织一次大教研，从课程培训到课程实施再到课程调整，教师通过园本教研，熟知幼儿园基础的课程体系，理解幼儿园的课程目标与具体措施。为保障游戏、运动、生活、主题探究等基础性课程的有效实施，园本教研便有了观摩游戏、解决一日生活问题、碰撞交流主题探究的进展情况、班级课程实施情况汇报等，每个班级在参与园本教研之后，要相应地调整计划，从而不断优化基础性课程。而在每周一次的小教研中，教研组长将基础课程内容细化为每周具体实施的活动，组织研讨时聚焦活动的实施情况、活动中幼儿学习与探究的行为表现，每个班级可借年级组的力量有效调节基础性课程与选择性课程的结构比重，确保达成幼儿园课程目标。

2.发力思想变革，生成个性化课程

选择性课程是幼儿园课程内容中最具创新与个性的一部分，每一位教师运用自己的教育智慧，根据自己班级幼儿的兴趣，捕捉课程生长点，挖掘资源，构建适合本班幼儿的个性化课程，彰显每个班级的特色。

教师的思想变革，是生成个性化课程的必要条件。我们通过多渠道的外出学习和邀请专家入园指导，赋能于教师，领悟思想变革的重要性。在《指南》的引领下，我们开始改变固有的思想观念，在传承中创新，理性推动幼儿园课程形成双轨甚至多轨课程。

日常生活中的小惊喜、小发现以及身边的资源都可以成为班级课程的生长点，只要是幼儿们喜欢的，便是教师去追随的。每个学期末，每个教师都有与众不同的精彩课程案例与大家分享，在分享课程案例的过程中品味着教育的幸福味道。这样，教师从原本被动接受幼儿园课程体系，到积极主动创生班本课程，这是思想变革的力量。

基础性课程和选择性课程并驾齐驱，让原本单一的课程内容变得多姿多彩，丰富生动。

3.助力课程审议，推动课程再发展

教师是幼儿园课程发展的主导者，通过参与课程实施前、中、后的审议研讨，推动课程的持续发展。

课程实施前，教师审议与研讨的任务是结合班级的课题研究任务，根据班级的计划与现有的资源，初步从幼儿园的课程体系中，有效地筛选和提取班级课程内容，确定基本的课程结构和实施网络。

课程实施中，幼儿园大教研组和年级组分别组织详细的课程实施情况审议，对各班级活动内容的有效性进行指导，修改与调整实践过程中不适宜的课程内容，诊断班级生成的个性化课程内容是否有助于幼儿形成《指南》所指的各领域关键经验，对课程内涵进行深入的诊断，寻找本班级课程实施的创新载体，及时矫正课程发展的偏差，探讨可以如何优化，为课程的进一步有效实施提供依据。比如"树"班本课程的实施，经过审议与调整，我们以幼儿园的树木资源为活动载体，增加了"领养小树""寻找树的兄弟姐妹"等系列活动，将课程内容融入幼儿的生活，不时能看到幼儿在小树身边认真探究的身影。只要俯身倾听，幼儿会告诉我们，他们喜欢什么样的课程活动。

课程实施后，年级教研组要组织教师进行总结式的审议与反思，梳理有效的课程活动，提炼出有意义的课程案例，指出要改进和再实践的部分，在"实践—反思—总结—优化"的循环中逐步推动幼儿园的课程发展，开出美丽的课程之花。

二、调优师幼互动方式，变主导活动为有儿童视角的支持者

杜威曾提出"教育的各种措施都应该围绕着儿童旋转"，这一教育思想值得我们深思。只有站在幼儿的视角，像幼儿那样去思考，才能真正走近幼儿，了解到幼儿真实的想法和需要，才能让有意义的学习发生。

1.共构一日生活，提高活动的有效性

一日生活皆课程，幼儿在园的一日活动皆包含着幼儿学习与成长

的契机。我们以《指南》为引领，在师幼共构一日生活上做出改变，共同设定班级公约、幼儿自主选择来园问好的方式、自主记录饮水次数、幼儿提前做出游戏计划、自己选择操作材料……教师追随幼儿的需求调整活动计划，让幼儿在活动中成为主动的学习者，在亲历活动中建构经验。

幼儿是活动的主角，我们要突出幼儿的主体性，营造一个低结构、低密度、低控制且宽松、自主、有序的班级氛围，做一个站在幼儿身后的观察者和研究者，记录、了解幼儿的需要，记录"哇"时刻，研究幼儿的行为表现，适时提供支持。比如，春天来了，幼儿园的桑树长出绿油油的桑叶，有心的教师寻来蚕卵，和幼儿一起采摘桑叶养蚕，观察、了解蚕的生长变化。又如，幼儿玩骑行游戏时，许多幼儿没有规则意识，随意骑行，甚至逆行导致秩序混乱。于是教师设计了"交通标志与规则"的集体教学活动，从生活中的交通标志开始，让幼儿认识交通标志，并亲手设计制作骑行活动的交通指示牌，从而解决了幼儿骑行游戏中遇到的问题。

教师应不断寻找在幼儿一日生活中的最佳位置，用新理念、新思想与幼儿共构一日活动，让幼儿在有意义的活动中获得健康的人格，塑造良好的品质。

2.尊重理解幼儿，兼顾全体发展和个体差异

尊重幼儿发展的个体差异，是《指南》给出的重要指引。面向全体幼儿的课程与环境材料，可以满足大多数幼儿的需求，而关注个体差异，需要教师的用心、耐心与细心。

幼儿入园前，要对幼儿的身心健康状况做一次全面的摸底调查，了解幼儿的具体情况，通过观察了解幼儿的个性特征，开启根据"个体差异"进行教养的模式：记下食物过敏的幼儿，为他们的饮食和健康提供细心的照顾；记下体质偏弱的幼儿，及时提醒更换汗巾、增减衣服；记下有攻击性行为的幼儿，多谈心为帮助其解决问题献计献策；记下缺乏自信的幼儿，用鼓励的语言和眼神让其勇敢自信起来。

了解幼儿的不同差异，发现每个幼儿的潜能和需要，给他们最适宜的帮助，可以成就他们富有个性的发展，成为最好的自己，这也是我们践行《指南》的职责和使命。

3.聚焦幼儿成长，创设适宜的开放自主环境

苏霍姆林斯基曾说过："儿童心灵之处都存在着使自己成为发现者、研究者、探索者的愿望。"幼儿由于受身心发展水平的限制，这种愿望虽然很强烈，但很难表达出来。这就告诉我们，教师应该要有怎样的儿童视角，才能真正支持幼儿的成长？

我们意识到，幼儿全力参与，和同伴搭建属于自己的舞台，演绎自己的童年故事，不用别人安排去做什么，内心会有自己想做的事情，这是幼儿作为主角应该有的状态。

低结构、多元化的材料和开放自主的环境，二者不可或缺。如在主题表演"找春天"活动里，偌大的操场和户外草坪，幼儿自己选择场地搭建小动物的家，自由装扮并竞选表演活动中的角色，自主推动角色互动的表演情节；在新年亲子运动会要召开时，他们自己设计班级口号，自己决定玩什么游戏，自己设计邀请爸爸妈妈的海报。其间，不仅有幼儿使用替代物的智慧，也有同伴协商合作的温馨，还有充满生机与活力的生命成长，让幼儿在开放自主的环境中快乐地参与、自由地成长。

"路漫漫其修远兮，吾将上下而求索"，我们脚踏实地走过的每一步，思辨过的每一个问题，都将成为我们专业成长和磨砺匠心的基石。

在实践中，有了《指南》这个路标，我们不再茫然，不再苦守，而是不断地攀向更高处。俯下身去倾听幼儿的声音，为幼儿的生命成长开辟更加自由、广阔的沃土，努力在和幼儿共同成长中追求教育的幸福。

福建省南平市建阳区实验幼儿园　刘兴玉

其他

课程故事：神奇的籽儿

❋ 年龄

中班

❋ 课程缘起

《指南》指出：要善于发现和保护幼儿的好奇心，充分利用自然和实际生活机会，引导幼儿通过观察、比较、操作、实验等方法，学会发现问题、分析问题和解决问题；帮助幼儿不断积累经验，并运用于新的学习活动，形成受益终身的学习态度和能力。基于《指南》的精神，我时常鞭策自己要做一个有心人，注意观察捕捉幼儿的兴趣点，关注幼儿的学习行为，认真做好记录，与幼儿一同成长。

一次，在《多彩的秋天》主题活动中，幼儿们热烈地讨论起秋天的果实来，兴趣很浓厚，于是我走近孩子们倾听他们的对话。

小汐问大家："梨子的皮为什么不能吃？"

欣欣说："可以吃的呀。"

果果说："皮可以吃，里面的籽不能吃。"

小汐又问："为什么籽不能吃？"

诺诺说："我吃梨的时候就没有吃籽。"

小汐继续问："但是籽为什么不能吃？"

一时间没人能回答上来。

于是，我跟随幼儿的兴趣，做好观察与记录，随即开始了我们的揭秘之旅。

❋ 课程实施

故事一　籽儿大猜想

我们在实施《多彩的秋天》主题活动中，幼儿认识了很多果实，于是问题来了，那些果实中都有籽吗？

幼儿对此产生了不同的看法。

"籽儿大猜想"开始了。

诺诺说："石榴里面是有籽的，有很多很多。"

皓皓说："柚子里好像没有籽。"

果果说："橘子里面没有籽。"

伊伊说："橘子里有籽，我吃到过的。"

……

基于幼儿们的猜想，我为他们提供了部分果实供他们探索。

他们先剥柚子。

兮兮好奇地先问："里面会有什么种子呢？"

小四月说："好像是小小的吧。"

在他们的期待中，柚子剥得并不顺利。

柚子皮太厚了，剥不开。

嘟嘟说："我奶奶是用刀切的，我们去找刀吧。"

依依提出："可是刀很危险，小朋友是不能用刀的。"

兮兮说："我们可以让老师帮忙切一切，就可以剥了。"

泽泽接话："生活室里有刀，我们上次切过水果。"

生活室里有两种刀具，一种是大人使用的刀具，另一种是小朋友可以使用的塑料刀具。

幼儿们先用小朋友可以使用的塑料刀具切柚子，没成功。

于是求助我用成人刀具把柚子切开。

昊昊提醒："还有南瓜，也要切一切。"

在我的帮助下，顺利地切开了柚子和南瓜。

其 他

随后，幼儿们也运用塑料刀具打开了石榴、柿子。

依依则剥开了一边的橘子。

水果打开后，幼儿们认真观察。

果果说："柚子里有小籽，它们的颜色是黄黄的，它们还有尖尖。"

兮兮说："柚子的籽在果肉的边上，一排一排的。"

可可说："我看见石榴里面有很多很多籽，它们藏在果实的里面。"

嘉嘉说："南瓜里面有一条一条的线，籽是扁扁的，我看到有大籽和小籽。"

小四月说："柿子里没有籽。"

依依说："我剥的橘子里没有籽。"

泽泽说："我在家里吃到过的橘子是有籽的。"

果果说："我上次吃的橘子就有籽。"

小四月说："我以前吃到过的小橘子里也有籽。"

点点说："有些长出来有籽，有些长出来没有籽。"

幼儿讨论得非常认真，后续我为他们播放了人工培育技术的视频，看过视频后，幼儿们纷纷感叹科学技术的厉害。

故事二 籽的作用

幼儿们对籽有了一定认知后，新的探索动机出现了：籽有什么用？果实中的籽大大小小，各不相同，究竟有什么作用呢？

他们不但翻阅图书，从绘本里找答案，而且还回家请爸爸妈妈科普小知识。有些家长还用心地运用导图的形式梳理出了籽的几大作用，幼儿把这些实用的材料带到幼儿园与大家分享，我看到这些材料制作得很用心，就把它们布置在主题墙上，还以幼儿能看懂的方式进行了注释与图解。

这里成了幼儿们聚集和讨论的地方。

昊昊说："有的籽可以吃。"

依依说："南瓜籽和向日葵中的瓜籽是可以吃的。"

恩恩："菠萝蜜的籽也可以吃。"

琪琪："我没有吃过菠萝蜜的籽。"

依依："我吃过。"

昊昊："我吃过很多瓜子,我还知道葵花籽是可以制作出油的。"

恩恩："花生也可以制作出油。"

依依："花生还可以制作花生酱。"

琪琪："我吃过西瓜酱,我在西瓜酱里看到过西瓜的籽。"

昊昊："籽也可以用来播种,培育小苗。"

依依："是的是的,籽也是种子。"

……

幼儿们热烈地讨论起来,话题也越来越广。

通过交流,幼儿们纷纷感叹籽的神奇,没想到有这么多的作用。

故事三 籽的妙用

随着幼儿们对籽越来越了解,他们收集了各种各样的籽,操作区里积累的籽越来越多。

看着这么多的籽,昊昊对小伙伴们说:"我们来做手工吧。"

依依说:"我想用葵花籽拼出好看的画。"

昊昊说:"好啊,我们来拼吧。"

说着两个小伙伴各自发挥想象拼起来。

其他幼儿先是围观,后来也都利用籽拼出了不同的图案。

恩恩先围观了一会儿,然后去翻阅《籽儿吐吐》绘本。但在阅读的过程中因时不时听到同伴传来的笑声,以致无心阅读。

于是她放下绘本,拿了一个籽去找昊昊说:"昊昊,我们一起来播种吧。"

昊昊看看她。

恩恩解释说:"把籽种到土里,可以长大。"

昊昊问:"那我们种什么籽?"

恩恩说："先种我这个。"

于是他们两个去植物角播种恩恩手里的籽。

接下来的几天，他们经常去看籽的动静，好奇心驱使其他幼儿也跟着一起观察，但总是不见发芽。

故事四 怎么播种？

总不见发芽，依依提出疑问："你们是不是播种得不正确？"

昊昊看看恩恩，恩恩看看昊昊，面面相觑。

籽怎么种？

播种前需要做些什么准备？

播种的时候要注意什么？

这些问题随之而来。

幼儿们就此进行了交流。

泽泽："播种后，要每天给它浇点水。"

小四月："种的时候也要浇水。"

可可："也要施肥。"

泽泽："还要晒晒太阳，它才会长得更高。"

嘉嘉打断大家："那不同的籽播种的方法都是一样的吗？"

幼儿们纷纷陷入了思考。

他们又开始翻绘本，问题得不到解决就向我求助。

基于幼儿的需求，我向他们提供了一些可供学习的视频，幼儿们了解到几种不同的籽的播种方法，并运用流程图梳理了石榴、柚子、南瓜几种籽的播种步骤。

在播种实践时，他们自主分组，结合播种步骤进行操作。

播种后，幼儿们每天都会进行观察。

几天后，籽有了变化。

泽泽说："我发现籽有点黑黑的。"

幼儿们仔细观察，发现籽长出了黑黑的点点。

这是怎么回事？

这是籽不发芽的原因吗？

他们进行了复盘与思考，回顾了种子播种的视频，寻找纰漏。

昊昊建议说："我们再观看一次视频吧。"

再次观看视频后，瑶瑶说："我们的水浇得是不是太少了？"

兮兮说："除了浇水，还需要晒太阳和盖防护罩。"

小四月："第一次的时候要泡一天，我们泡的时间太短了，也忘了盖保鲜膜了。"

泽泽："应该是太阳太大了，把种子晒干了。"

嘟嘟："没有给种子盖保鲜膜，太阳太大了，就把它晒干了。"

幼儿们在复盘交流中，梳理出这次播种存在的几大主要问题：浇水太少了；太阳太大了，把种子晒干了；没有加盖一层防护膜；籽泡水的时间不够久。

故事五 种子发芽了

基于上次的经验，幼儿们这次决定收集新鲜的种子。

在爸爸妈妈、爷爷奶奶们的帮助下，幼儿们收集到了很多籽，有的是水果籽，有的是爷爷奶奶近期秋收的各种豆类。

这回在播种前，幼儿们将这些籽和豆子浸泡了充足的时间。

种子浸泡后，昊昊说："哇，这个黄豆变得好大呀。"

小沙说："豆豆好像喝饱水了。"

于是他们将黄豆埋在了泥土里。

而泽泽和小四月一起将绿豆和南瓜籽的水倒掉，垫上纸巾平铺在盘子里，还给它们盖上了防护避光的纸巾。

由于桂圆和菠萝蜜的籽都还没有变化，于是幼儿们继续让它们进行浸泡。

黄豆、绿豆、南瓜籽都种好后，幼儿们便每日观察、照顾。

一天，小沙说："黄豆长出了一个白色的尖尖，是它的小芽。"

可可说："我看见小绿豆也发了一个个小芽，昨天还没有，今天就长出来了。"

又过了一天，果果说："小小的黄豆裂开了，它要长出来了。"

三天后，黄豆的芽全部长出来了，幼儿们很开心。

在接下来的日子里，幼儿们时常会自主观察其他籽的变化，每当有新的发现时，从幼儿们的语言和表情中都能感受到他们的惊讶与喜悦。

✵ 总结与反思

小小的籽儿在寻常人眼里或许并不起眼，也不特别，但在幼儿的眼里却是神奇的。幼儿在探索籽的过程中，从对梨子中的籽产生兴趣开始，到发现不同果实中的籽，既发现了籽的多样性，也粗浅地了解到了无籽水果的由来，还通过调查了解到了籽的多种作用，甚至后期还引发了通过种子拼画和播种，体验到了探索的乐趣。后来在实践播种中感知到播种的不易，他们通过复盘与思考，不断梳理经验，使探索逐步深入，他们也更加细致地观察和照顾种子。这次活动不仅培养了幼儿的良好品质，也让孩子们学会了细致、耐心和等待。

在整个课程的探索与实施过程中，我充分倾听和了解了幼儿在探索过程中的关注点及需求，深切感受到幼儿是有能力的学习者，于是放手让幼儿充分操作、实践与体验，使幼儿在亲身经历中学习与发展，让幼儿保持长久的兴趣及高度的积极性。

《指南》以为幼儿后继学习和终身发展奠定良好素质基础为目标，以促进幼儿体、智、德、美各方面的协调发展为核心，通过提出3-6岁各年龄段儿童学习与发展目标和相应的教育建议，帮助我们了解3-6岁幼儿学习与发展的基本规律和特点，我们应学习并运用好《指南》，从而更好地观察幼儿、支持幼儿，激发幼儿探究学习与解决问题的动力，促进幼儿的全面发展。

浙江省海宁市马桥街道桐溪幼儿园　崔琪

项目活动：逐“箭”之旅

✲ 年龄

大班

✲ 项目缘起

一次户外游戏时，幼儿们意外发现器械材料中有“竹筒木箭”，这是为了之后玩民间游戏购置的，幼儿们瞬间被“竹筒”和“木箭”吸引住了。正逢幼儿要去秋游，在秋游游戏大创想中有幼儿提到要去东山的大山坡上玩“竹筒木箭”，于是我们决定把“竹筒木箭”游戏搬到山林游戏场。秋游后，幼儿对于“竹筒木箭”游戏的热情依旧不减，经常能看到几个幼儿围着竹筒“投箭”。

有一次蛋蛋走到我的面前说：“老师，我有一个想法。”

“有什么想法，你说。”我对蛋蛋说。

蛋蛋对我招招手，示意我蹲下。

于是我蹲下来。

蛋蛋在我耳边轻轻地说：“我想做一把拉得开的弓箭，下次可以玩弓箭游戏。不过我现在遇到了一个小问题。”

我满怀好奇地询问：“是什么问题呀？”

蛋蛋说：“我已经想好用橡皮绳做弓箭的弦，但我还想在区角活动的时候请几个小伙伴来帮我找找做弓的材料，而且也可以跟我一起合作做一张弓。”

我先是赞扬了蛋蛋能积极思考，然后建议他大胆尝试，于是他开启了逐"箭"之旅。

✽ 项目进程

进程1

组队初制箭

在得到老师的鼓励后,蛋蛋便开始组建队伍,他先是向大家介绍自己的意图:"大家都来看看我手里的皮绳,这是一根有弹性的皮筋,我们最近玩竹筒木箭,我就在想能不能用这根皮绳来做一把可以'射'的弓箭,这样我们就可以玩射箭游戏了。"说着,蛋蛋还做了一个"射箭"的姿势。

听着蛋蛋清晰的描述,我看到大家的兴趣被激发了起来。

"你们有谁想和我一起玩吗?"蛋蛋问。

"我想玩。"阿揆第一个响应道。

"我也想玩!"

"我也想玩!"

……

更多幼儿响应着。

"但是今天我们的弓箭还没做出来,我想请几个小伙伴来帮助我一起找材料做弓箭,你们谁愿意?"

"我可以来帮你。"浩浩积极举手。

"我也可以。"

"我也想来。"

……

班里几个幼儿举手报名。

"好的,那这次由我来做队长,我跟大家说说接下来要做些什么事。"蛋蛋叫了这几个幼儿过来,开始和大家一起讨论,分配任务。

没一会儿,蛋蛋就根据大家的特点,给他们分配好了任务。

通过小伙伴的分工合作、相互配合，短短三十分钟的时间，一把像模像样的"弓箭"就诞生了，虽然条件简陋，但几个幼儿玩得不亦乐乎。

链接《指南》

《指南》指出：幼儿的学习是以直接经验为基础，在游戏和日常生活中进行的，成人要尊重和理解幼儿独特的学习方式，最大限度地支持和满足幼儿通过直接经验、实际操作和亲身体验获取经验的需求。

发现幼儿的行为

（1）善于联系经验，创意不受局限。这次制作弓箭的提议是蛋蛋看到小伙伴们玩"竹筒投箭"生发的灵感，联想到日常生活和电视荧幕里看到的"箭"几乎都是配有"弓"的，因此想出了"做一把弓"的创意。

（2）自主巧妙合作，组团深度学习。听完蛋蛋的提议，几个小伙伴自觉形成了以蛋蛋为首的"制弓"小分队，并且通过讨论、协商的形式，对人员和任务进行了合理分配。为了能顺利体验弓箭游戏，他们积极地投入到自己的"工作"中，且出色完成了任务。

进程2

系列问题凸显

发现游戏的有趣，短短两天的时间，由原本五人的小分队变成了二十几人的大部队。

幼儿们对自制的弓箭和靶子爱不释手，只要一有空闲就会拿起弓箭玩，但问题也纷至沓来。

问题1：发生争抢

"你让我玩一下吧，你都玩了这么久了。"

"再让我玩一玩，行吗？"

"老师，他们总是不让我玩。"

……

诸如此类的话常常在老师耳边出现,并由此衍生出许多矛盾。

问题2:射程太近

"哎呀,我的箭怎么总是射不远。"

"我的也是,它射不出去,每次都掉到我脚边。"

……

玩了几天,由于"设备"的不完善,幼儿的兴趣开始减退。

问题3:射不好箭

"怎么射啊,我怎么每次都射不准?"

"我也不太会,谁能教教我?"

……

有个别幼儿因为没有人教射箭而产生不满情绪。

问题4:游戏单一

"这个射靶子我不想玩了,我想玩其他的游戏了。"

"怎么让游戏变得有趣一些呢?"

……

玩久了,幼儿们对射靶子的游戏没有了初玩时的兴趣。

探讨解决策略

问题清晰浮现了,该如何解决呢?

幼儿们集思广益,对这几个问题进行了一场大讨论,确定了以下几条策略:

(1)针对争抢现象:再多收集一些材料,多做一些弓箭。

(2)针对射程太近问题:弓箭弹性绳太长会让弓箭射不远,在制作的时候要剪短一些。

(3)针对不会射箭的问题:让会射箭的幼儿当老师,教不会射的幼儿正确的射箭方法。

(4)针对游戏形式单一的问题:射靶子比的是谁射得准,可以设计不一样的游戏玩法。

行动小组诞生

经过讨论，他们组成了行动小组："游戏设计组""材料准备组""弓箭制作组""射箭教练组"，每组人员自主报名，由"大组长"蛋蛋最终确定组员。

为了能顺利推进项目，蛋蛋还请每个小组推选出一位小组长。

链接《指南》

《指南》科学探究板块目标二明确指出：5-6岁幼儿能用一定的办法验证自己的猜测，并且能在探究中与他人合作与交流。成人应当支持和鼓励幼儿在探究的过程中积极动手动脑寻找答案或解决问题。

发现幼儿的行为

（1）具有良好的学习能力。幼儿们具有发现问题、解决问题、遇到问题迎难而上的学习精神，并能合作解决问题。

（2）具有较高水平的合作交往能力。在分组改良射箭游戏的过程中，我们看到幼儿组成了多种形式的团队，既有协商分组，也有小组合作，并且幼儿们推选并认可"小组长""大组长"，这表明幼儿具有了一定的集体意识与配合度。

进程3

游戏升级，比赛开启

每组幼儿在小组长的带领下，紧锣密鼓地准备着。

一周后，大家搜罗了许许多多制箭所需的工具，也制作了许多玩游戏可用的辅助材料，制作出了不同的弓箭。

幼儿们可以尽情地玩弓箭游戏了。

大家尽情地发挥，不断地探索，兴致勃勃。

"恬恬，我们来比谁射得远。"小六六邀请恬恬加入比赛。

两人玩得很开心，吸引了更多幼儿加入比赛。

现场一下子变得火热起来。

大家的竞争意识被激发出来。

大队长蛋蛋在敏锐地观察到了这一点后提出："我觉得我们可以来一场正规的射箭比赛。"

大家听到这个提议，纷纷鼓掌赞同。

明确职责，商定规则

满怀期待，大家通过协商明确职责，制定规则，忙而不乱，活动开展得井井有条。

管理员负责场地的布置、比赛中材料的摆放以及比赛时秩序的维护。记分员负责制作记分卡，并记录参赛选手的分数。裁判负责执行比赛规则，并宣布最终的获奖名单。

当一切准备就绪，一场激烈的射箭比赛开始了，赛场上传来阵阵欢呼……

链接《指南》

《指南》在科学探究板块目标二中指出：5-6岁幼儿能在成人的帮助下制订简单的计划并且执行；能用数字、图画、图表或其他符号进行记录。成人应尊重幼儿，给予幼儿自主的权利，让他们自主制定规则，促进综合能力的发展。

发现幼儿的行为

（1）竞争意识显现。从活动中不难看出，幼儿对游戏的体验不限于浅层的感受，逐渐表现出了较为强烈的竞争与对抗意识，在比赛的模式中能够评价自己与他人的能力水平。

（2）执行能力渐强。大班的幼儿在游戏中有较强的主观意识，对于活动的开展能做简单的计划并且在成人的帮助下能完成相应的任务，共同促进项目的完成。

✽ 项目总结

1.基于兴趣导向"辩"游戏内容

（1）兴趣得到关注

对于"竹筒投箭"这份器械材料，有的幼儿沉醉在原有的游戏活动中，有的幼儿则会根据自身的兴趣对材料进行调整。蛋蛋在跟教师一对一分享自己的创想时，他是渴望教师能倾听他的想法和需求的。当他的想法得到充分的关注后，才能发现其行为背后的个体发展性。

(2) 兴趣得到支持

从一开始玩木箭，到蛋蛋提出做弓箭，教师给予了充分的肯定，使幼儿的兴趣得到支持，也为项目活动的内容提供了方向。

2.基于整合理念"辩"核心素养

原本的"竹筒木箭"游戏更多的是进行单一的投掷练习，而本次项目活动更加注重各个领域的整合，从单一的健康领域到各领域的综合全面发展。例如活动中幼儿亲身体验，尝试各种探究、操作、判断、推理等，逐步发展逻辑思维能力和探究能力，这符合科学领域的学习要求；活动中幼儿大胆用语言"介绍想法""协商合作"，其语言能力得到了很好的发展，这符合语言领域的学习要求；等等。

3.基于学习路径"辩"推进模式

在这个项目活动中，可以用点、线、面来描述，蛋蛋的创想是最初始的"点"，教师对他想法的肯定是这个项目活动初生邂逅的"线"，当"点"遇到"线"后变得不孤单了，而之后同伴更多的"线"出现，如开展会议、分组合作等"多条线"元素的加持，使得最初的"点"充满生机和活力，各条线交织推进，呈现螺旋推进模式，让前进的路变得更敞亮、顺利，最终形成了趣玩弓箭这个很好的"面"。幼儿的经验是在不断的感受和体验中积累起来的，幼儿在游戏中体现出的想法和智慧，教师要及时捕捉，并且鼓励、帮助幼儿践行自己的想法。基于学习路径助推活动，从线性推进，环节紧扣逐步达成，拓展到螺旋推进，聚焦目标多向推进，帮助幼儿主动学习，让幼儿获得完整的学习经验。

浙江省海宁市桃园幼儿园北湖园 施卓莹

课题研究：基于绘本提升幼儿阅读素养

❋ 研究背景

阅读素养是幼儿面向未来的基础能力，掌握了阅读能力，幼儿可以更好地学习其他知识，更自信地融入社会。

《指南》要求幼儿从3-4岁"能主动要求成人讲故事，读图书"逐步发展到5-6岁"喜欢与他人一起谈论图书和故事的有关内容"。《指南》又要求幼儿从3-4岁能"爱护图书不乱撕、乱扔"逐步发展到5-6岁"专注地阅读图书"。这些既是幼儿阅读的关键经验，也是幼儿阅读素养的具体内容和发展趋向。

绘本是以简练生动的文字和色彩鲜明的画面搭配而构成的儿童读物，图文并茂的文学风格、情节发展有序的画面表达，符合幼儿的学习特点，不但对幼儿的情感、想象力、创造力以及审美能力的发展起到了至关重要的作用，而且可以帮助幼儿建构精神世界，培养多元智能。

绘本在幼儿园的利用率很高，阅读区、教学中、环境创设中都可以渗透绘本的元素，但是教师对绘本的解读水平不到位，存在的问题也不少：区域中投放的绘本合适吗？对幼儿生成新经验有帮助吗？视听阅读时要注意些什么？教学中的形式单一吗？有没有体现课程游戏化？绘本中情感的获得有体现吗？等等。基于《指南》的引领，以及绘本对幼儿的影响，我们开始了本课题的研究。

❋ 核心概念

绘本，即图画书，绘本的图和文相互融合、相互协调，图文并茂地共同表现一个主题，共同创造一个完整的世界。绘本阅读在幼儿园和家庭中被广泛使用，是幼儿学习的重要形式，对幼儿的身心发展有着巨大的促进作用。

阅读素养，《汉典》关于"素养"的解释是"通过训练和实践而获得的技巧或能力"，由此可以说，"阅读素养"的核心是阅读技巧或阅读能力。那么"幼儿阅读素养"就是指与幼儿年龄特点和发展水平相一致的，在幼儿阅读活动过程中表现出来的，影响幼儿阅读活动过程和效果的基本能力和相应的情感、动机的激发。

幼儿阅读素养的构成主要包括三个维度：阅读情意、阅读知识与经验、阅读技能。其中，阅读情意主要指幼儿的阅读兴趣、阅读动机及阅读情感体验等；阅读知识与经验主要指幼儿的阅读经历与经验，如幼儿家庭亲子阅读的经验，幼儿园阅读活动的经验以及在此基础之上获得的关于阅读的认识和看法；阅读技能主要指幼儿在具体的阅读活动中由于学习和练习而形成的关于阅读的操作方法、阅读习惯和阅读能力。

❋ 研究目标

1.提高教师对绘本课程的认知水平，能够深度挖掘绘本的内涵，从而更好地以儿童为主体来开展游戏化的活动。

2.加强与家长的联动与合作，找到更适宜的亲子阅读方式，转变以幼儿园为阅读主阵地的现象，让家长也加入到利用绘本提高幼儿能力的队伍中。

3.通过多样的形式，培养幼儿的阅读兴趣、阅读习惯，提高幼儿的阅读能力与阅读素养，促进幼儿的全面发展。

❈ 研究内容

1.调查研究幼儿阅读素养现状的目的在于，了解幼儿阅读素养的现状，寻找问题并剖析原因。因为课题组成员涵盖了大、中、小各年龄段的教师，我们在开学初安排组员利用随机抽样调查问卷、个别访谈、观察幼儿等方式了解各年龄段幼儿与家长的阅读情况。在各年龄段的调查报告出来之后进行汇总和分析，形成本园阅读素养现状报告。这使我们的研究方向越来越明确，思路越来越清晰。

2.盘点绘本资源，形成适合小、中、大年龄段幼儿学习的绘本资源库。幼儿绘本的种类很多，在选取的时候不光要考虑幼儿的年龄段，更要关注绘本语言价值、审美价值、能力发展价值、社会性发展价值。在这一阶段，我们通过画面分析、主题分析、语言分析等方式，选择适合各年龄段幼儿阅读的经典绘本，筛选出适合小、中、大年龄段的经典绘本各100本，形成绘本推荐资源库。

3.提炼出基于绘本资源提升幼儿阅读素养的策略，如创设绘本特色环境的策略、利用绘本开展教学的策略、指导家长开展亲子阅读的策略，等等。

4.建构基于绘本资源提升幼儿阅读素养的评价细则。评价是依据一定标准和程序，有计划、有目的、有组织地对幼儿园各方面工作进行科学调查，并做出准确判断的活动；是保证教育目标的实现、调动全体教职工的责任心、提高幼儿园管理水平和促进工作改革的手段。

❈ 研究方法

1.文献研究法：文献研究法通过网络、杂志、书籍等途径，收集目前国内外有关绘本阅读与幼儿阅读素养的研究成果，对其长处加以吸收与借鉴，不足之处加以发展与创新。

2.问卷调查法：问卷调查法主要用于调查了解儿童、家长、教师对于早期阅读和绘本的认识。

3.行动研究法：行动研究法建立了一套比较科学的适合幼儿年龄

特点的绘本游戏策略，对亲子阅读活动的研究也主要采用此方法。

4.**个案分析法**：个案分析法运用典型抽样方法确定个案研究对象，用跟踪调查和观察的方法对其进行追踪研究，以了解绘本在提升阅读素养中的实效。

5.**经验总结法**：对实践的材料进行归纳、梳理、提炼，得出绘本阅读活动组织与实施的一般性规律，确定具有普遍意义和推广价值的方法与策略等。

❈ 实施步骤

第一阶段：课题研究的准备阶段

1.课题组成员收集国内外绘本研究资料，找准研究方向，精心设计课题研究方案。

2.对幼儿园教师和家长进行绘本资源的问卷调查，主要是调查分析目前我园幼儿绘本阅读现状，挖掘有价值的研究素材。同时在绘本资源盘点时认真解读分析它的价值，并进一步学习相关理论知识，在深度和广度上开发、利用一切可用资源，拓展课题研究的视野，争取取得典型经验。

第二阶段：课题研究的实施阶段

1.运用大厅、楼梯、区角等，通过活动图片的展示、经典绘本的推荐等形式，以幼儿为主体创设绘本特色的教育环境。

2.研读优秀绘本阅读作品，挖掘内涵。各年级组初步筛选出符合本年龄阶段幼儿发展特点的游戏内容，并以年级组讨论、课题组会议讨论的方式，预设有效的组织策略和幼儿学习方式。

3.用跟踪调查和学习故事的方法对典型个体进行追踪研究，以了解绘本在区域中的运用。

4.在实践中不断调整实施策略，收集、分析、筛选有关资料，认真总结经验和体会，提炼和整理出有创造性的研究成果。

5.中期进行汇报活动，听取专家意见与建议，使课题不断完善。

课题组成员做好活动方案、个案资料等的积累、整理工作。

第三阶段：课题研究的总结阶段

1.整理课题研究过程性资料，汇编成绘本资源库、论文（经验）集、游戏化教学案例集、观察案例集。

2.对课题研究进行全面分析和总结，了解教师、家长和幼儿的提升情况。

3.撰写相关研究论文和课题研究结题报告。

4.完成课题结题鉴定工作。

❋ 可行性分析

1.课题组核心成员由教务主任、年级组长、一线优秀教师组成，成员有较强的理论知识和丰富的实践经验，责任感强，具有奉献精神和科研意识。此外，多名人员在各项活动中荣获各种奖项。

2.本课题充分借鉴了国内外的相关研究成果，具有较强的科学性。同时，该课题研究内容贴近教育实际，具有很强的实践性和可操作性。

3.前期，我们为课题研究方案的设计及课题的推进做了大量的资料收集、积累、整理工作，有丰富的素材支撑。

4.在园所开辟阅读室、添置阅读图书，积极利用家长资源收集经典图书，建立班级图书库，引导幼儿相互分享、交流，组织幼儿进行各种形式的阅读活动。

5.为保证研究工作的顺利实施，本课题由教务主任主持，课题组、教研组、各班级全力协调，并制定了有关教育科研考核奖励条例，从管理机制上提供保障。

❋ 实践操作

一、激发阅读热情，感受阅读之美

1.环境创设引起兴趣

生活学习环境在很大程度上影响幼儿的游戏化学习，舒适宜人的阅读场所更容易让幼儿放松身心，唤醒阅读兴趣，使幼儿更多地体会到阅读的趣味和快乐。我们首先让幼儿身处一个来自他们自己创设的"绘本王国"。进入幼儿园，大厅里就展示着经典绘本推荐，这些推荐来自各班的"一班一品"活动，是幼儿和教师熟悉的并一起完成的；楼梯墙面有幼儿阅读活动的照片以及与中国传统节日相关的绘本；另外还有一间温馨的绘本室，里面的绘本种类丰富，幼儿可以选择自己喜欢的方式阅读。在教室外的储物柜上、转角处都放置了绘本，幼儿随手可拿，随时可读。这些环境上的创设都是为了激发幼儿阅读的兴趣。

2.整理分类激发体验

幼儿阅读的过程中伴随着丰富的情感体验。我们在前期的绘本资源筛选之后又进行了调整，根据不同的情感体验对绘本进行分类，投放到适宜的年龄段中。这样的分类便于幼儿自主阅读，可以提高绘本的利用率，同时培养幼儿分类摆放的良好习惯。

二、多元阅读方式，丰富阅读经验

1.一班一品，各展风采

我们每一学期各班都会选择一本绘本重点开展活动。组员通过观察阅读区中幼儿的兴趣点进行调查，再结合我们之前的价值点分析来选择绘本，并进行一次集体分享，然后就围绕这一绘本开展活动。如阅读了绘本《好饿的小蛇》之后，小班幼儿对蛇产生了兴趣，随后他们在建构区用积木搭建长长的蛇、弯弯曲曲的蛇，在美工区画蛇、捏蛇，在表演区表演蛇、模仿蛇，在科探区探究蛇的习性……

2.演绎绘本，各展才华

学前阶段的儿童正处在语言能力培养的关键阶段，这个时期的幼儿自身认知能力较强。其往往热衷于扮演、音乐、游戏等方面的内容，同时内心渴望被其他伙伴或者教师关注，具有较强的想象能力，是展现自身表演能力的重要时期，而这些要求均能够在绘本剧表演活动中有效实现。每学期，我们开展全园绘本剧表演比赛，小表演者们穿上精心准备的服装，拿着自己和同伴制作的道具，配合着优美的背景音乐，大胆地表现自己。幼儿不仅感受到了表演的快乐，也增强了语言表达能力，进而有效增强了认知水平。

三、重视习惯养成，提升阅读能力

1. 阅读习惯的培养

看书从爱书护书开始。在阅读前，让幼儿洗手，以免弄脏图书；幼儿从书架上取放图书时轻拿轻放，并放置整齐。在阅读的时候，告诉幼儿要保持安静，不能大声说话，以免影响他人；要做到看完一本再拿一本，不与其他幼儿争抢图书；一旦发现图书有撕破的地方，鼓励幼儿和同伴一起进行修补。同时，还要注意培养幼儿良好的护眼习惯，避免近视。这些都是从小必须培养的阅读习惯。习惯的养成需要持之以恒，我们经常提醒幼儿这些规则，同时安排幼儿做"监督员"负责监督。

2. 合理的阅读结构

不同年龄的幼儿有不同的阅读重点，我们设计的活动结构要合理。例如，小班幼儿是从教师先读、师幼共读慢慢过渡到幼儿自主阅读。在师幼共读的过程中，教师可以适当提出问题，帮助幼儿把握情节、角色关系，最后进行讨论、归纳。中班幼儿是先独立阅读，然后再师幼共读，这样教师提问或提示时，可以加深幼儿对绘本的理解。有时教师还会围绕阅读重点开展绘画、游戏等活动，以巩固幼儿的阅读成果。大班幼儿有自主阅读和师幼共读活动，基本以自主阅读为主，重点关注绘本阅读后幼儿的交流与表达。

四、有效指导亲子阅读，密切家园合作

在幼儿园中，阅读区的书籍一部分是教师投放，一部分是幼儿从家里带来的。除了重视幼儿在园的阅读体验，我们还积极发动家庭开展亲子阅读，通过家园共同行动促进幼儿阅读素养的提升。

很多幼儿家里有很多绘本，但有些绘本并不适合幼儿阅读，于是我们会对家长进行有针对性的指导，比如小班更倾向于故事类或生活自理类的绘本，其中包括一些立体书；中班选择得更多的是童话、经典故事；大班则倾向于认识自然、动物及社会的书。

我们也会有针对性地对家长展开亲子阅读的指导，比如小班幼儿可以采用视听结合的方式阅读；中班幼儿可以通过亲子陪读的方式与幼儿一起阅读，有时候也可以尝试让幼儿写写、画画绘本内容，增加趣味性；大班幼儿在鼓励他们独立阅读的基础上，还可以进行创编或续编故事，提高自主阅读能力和语言表达能力。

随着课题的推进，大多数家长认可早期阅读的必要性，他们觉得可以丰富幼儿的知识、扩大幼儿的认知，对幼儿生活习惯和语言交流能力也有所帮助，所以对幼儿园开展的相关工作都能给予较好的配合与支持。

❈ 创新之处

绘本是儿童早期教育的最佳读物，它具有直观性与形象性，符合幼儿审美需要和心理特点，在长期阅读中，能潜移默化地激发幼儿的阅读兴趣，对幼儿的思维、语言的发展以及审美能力的提高有很大的助力。实际上，绘本阅读是对幼儿的一个综合素质的培养，它可以打破时空界限，提升阅读品位，对幼儿终身学习和发展具有深远的影响。我们在研究过程中，根据绘本内容和幼儿的年龄特点，采用游戏化形式，并适当与多媒体教学手段相结合，使得教学和游戏一体化，在这样的过程中幼儿的阅读情感、阅读习惯、阅读能力得以提高。我们还加强家园联动，让每个家庭参与进来，有效促进亲子阅读的普及，家园共同促进幼儿阅读素养的提升。

江苏省常州市新北区孟河实验幼儿园　周丽

教研活动："《指南》伴我行"教师研修

❋ 活动背景

《指南》指出：健康是指人在身体、心理和社会适应方面的良好状态。幼儿阶段是幼儿身体发育和机能发展极为迅速的时期，也是形成安全感和乐观态度的重要阶段。发育良好的身体、愉快的情绪、强健的体质、协调的动作、良好的生活习惯和基本的生活能力是幼儿身心健康的重要标志，也是其他领域学习与发展的基础。我们认为幼儿健康教育不仅是帮助幼儿实现"身体理想"的重要途径，也是使其他教育理想成为现实的不可缺少的重要活动。针对这一理念我们确立了主题为"《指南》伴我行"的研修活动，希望能够起到抛砖引玉的作用，让教师们更加关注幼儿的健康教育，促进教师从"看了"到"看见"再到"看懂"的转变，让《指南》精神有效促进教育质量的提升。

❋ 活动准备

《3-6岁儿童学习与发展指南》学习文件、案例"午睡记""新来的孩子""午餐后的意外""如此宝贝"。

❋ 活动流程

环节一：开心一刻

1.具体要求

教师集体观看视频，并根据视频做眼球操。

2.点题小结

快乐是什么？快乐是一种心理感受。懂得快乐、善于快乐，是一种智慧、一种气度、一种气魄。快乐的情绪跟健康的身体一样重要，我们都要拥有一颗快乐的心。

环节二：案例大家谈

1.具体要求

这一环节给教师们呈现一个案例，给大家3分钟时间思考，请各位教师各抒己见，谈谈自己的想法。

2.呈现案例——《午睡记》

场景一：幼儿们都睡下了，教师拉上了窗帘，午睡室里刹时变得黑漆漆的。幼儿们在教师轻声细语的提示下，渐渐地有了睡意。这时，安静的午睡室忽然传出了哼唱"我上幼儿园"的声音。教师寻着歌声发现多多蒙着被子，在被窝里"自娱自乐"！教师掀开蒙在她头上的被子，用手指在嘴边做了一个"嘘"的手势，多多好像明白了，止住歌声、闭上了眼睛。午睡室恢复了安静。可是不久，她又唱了起来。反反复复了许多次，教师只好坐在她的身边，直到她渐渐睡去。但这样的情况天天如此！

场景二：洋洋一听到"小便、洗手、睡觉喽！"就哇哇大哭。尤其午睡时，他总是不安分地在午睡室里哼唱并弄出不同的声响，教师只要提出请他上床，他就会毫无征兆地大声哭叫。开学一个多月以来，他天天如此。家园联系后知晓，他从来没有午睡的习惯，跟家长沟通，家长认为应该顺其自然，不应该强迫孩子午睡。

3.幼儿情况介绍

（1）多多是一个耳朵有缺陷、比较内向的女孩，她时常会有一些沉浸在"自己世界"的举动。她的妈妈告诉教师，多多是有午睡习惯的，只是在家里一般要到下午两三点才睡，睡到四五点起床。而且最近她喜欢上了歌唱，并沉迷其中。

（2）洋洋是一个很有主见但有多动倾向的幼儿，自尊心极强，他的妈妈什么都顺着他，只希望他在无拘无束的环境下自由、快乐地成长。

4.教师分组讨论

（1）组长组织成员进行讨论：如果你是案例中的教师，当你面对多多和洋洋这样的幼儿，你会怎么做呢？

（2）每组代表发言。

第一组观点：教师可以用小贴纸等幼儿喜欢的奖励形式，逐渐引导，鼓励幼儿养成良好的午睡习惯。

第二组观点：可以通过同伴的影响，引导幼儿养成午睡的习惯。如果幼儿实在睡不着，也不要勉强，可以让幼儿在一旁画画、看书等。

第三组观点：通过安抚、陪伴的方式，帮助幼儿慢慢纠正，也要与家长沟通清楚，得到家长的理解和支持，家园合力帮助幼儿培养良好习惯。

5.点题小结

幼儿午睡是根据幼儿的年龄特点和身体需要而设置的，它对促进幼儿身体正常发育和机能的协调发展、增强体质、培养良好的生活习惯、卫生习惯和参与体育活动的兴趣有重要作用。幼儿年龄越小，所需的睡眠时间越长。《指南》健康领域之"生活习惯与生活能力篇"中明确规定：3-4岁幼儿要在提醒下，按时睡觉和起床，并能坚持午睡；4-5岁幼儿要每天按时睡觉和起床，并能坚持午睡；5—6岁幼儿要养成每天按时睡觉和起床的习惯。所以，午睡是幼儿一日生活中的重要环节，午睡有益幼儿身心健康发展，成人应有意识地培养幼儿养成午睡习惯。

针对多多和洋洋的情况，教师可以给他们营造一个温暖、轻松的心理环境，让他们形成安全感和信赖感。在他们的心理、生理需求中不断地寻找与发现教育契机，本着理解、接纳其行为的态度，通过陪伴、讲故事等方式逐渐引导。家长作为幼儿园的重要合作伙伴，需要更新家长的教育观念，提高家庭教育行为，并与幼儿园教育目标一致，共同为幼儿的身心健康发展保驾护航。

环节三：健康沙龙

1. 具体要求

这个环节准备了三个不同年龄段的案例进行分组讨论，10分钟后请每组各派一位代表上台发言。

2. 分组讨论

大班组：案例"新来的孩子"

明明是这个学期的插班生，他在集体教学活动中注意力很难集中，是个"坐不住的孩子"，有时他会"骚扰"周围的小朋友打断教师正在进行的活动；对于教师布置的任务，他常常不能很好地完成；他想参与同伴的活动，却因为不适宜的方式而被同伴拒绝……教师对于这个经常惹麻烦的孩子也伤脑筋，经常当众批评他，有时候还会让其他幼儿不要理睬他。但这种教育方法的效果并不好，时间一长，在其他幼儿的眼中明明成了一个"坏孩子"。

思考：如果你是明明的老师，你会怎么做？

中班组：案例"午餐后的意外"

一个阳光明媚的中午，幼儿们正津津有味地享受着美味的午餐。班上的阳阳和丁丁向来吃饭速度很快，今天也不例外。吃完后他俩询问教师可以到哪里玩，教师说可以拿好自己的玩具，到走廊上一边晒太阳一边玩玩具。他们听后兴高采烈地拿着各自的玩具去了走廊。但没几分钟，阳阳就拿着眼镜哭丧着脸跑了过来。他大声说："丁丁抢我的玩具，还把我推倒了，我的眼睛出血了……"教师紧张地蹲下身，仔细检查他的伤口，发现他眉角的皮被刮掉了一块，正渗着血……

思考：你如何看待这件事情？如果你是这位教师，你会如何处理这个突发事件?

小班组:案例"如此宝贝"

教师连续几天都发现妞妞、钧钧两个宝贝每到午餐时,就眉头紧锁,勺子在碗里直捣腾,把菜都撇在一边光吃白饭。在教师的鼓励和同伴的影响下,两个宝贝也只是很不情愿地吃上一两口菜。教师及时和家长沟通后得知,他们在家里吃饭就不吃菜。教师跟家长沟通吃菜的好处,然而家长不仅不配合,还因此担心幼儿在园吃不好,每天在幼儿的小书包里放几样幼儿爱吃的点心和零食,还和老师说只要孩子不哭不闹,就随他们去吧!

思考:面对这样的幼儿和这样的家长,你会怎么做?

3.各组代表发言

大班组代表发言:《指南》指出"大班幼儿应能较快融入新的人际关系环境,如换了新的幼儿园或班级应能较快适应"。明明进入新环境是希望融入集体的,但由于表达方式不适宜而被拒绝,如果我是明明的老师,首先会正面引导,然后考虑到明明作为插班生,能力存在差异,日常生活中会给予更多的鼓励和帮助。案例中教师的处理方式是不正确的,当众批评幼儿会伤到幼儿的自尊心,时间久了还会适得其反。同时,更加不能让其他幼儿不理睬明明,而应该通过一定的正面措施或通过同伴间的影响,教给明明正确与小朋友交往的技巧,运用关爱和鼓励,让明明感受到集体的温暖。

中班组代表发言:由于幼儿的安全意识欠缺,幼儿活动应始终在教师的视线范围内,教师也要注意在一日生活中培养幼儿的安全意识,比如晨间入园时不要带存在安全隐患的玩具进园,散步时不要推推挤挤等。针对一日生活的安全事项,我会提具体的要求,并指导幼儿掌握彼此交往的技巧。针对案例中的突发事件,我会这样处理:①及时处理伤口,安抚幼儿情绪,做好沟通。②伤口严重的话第一时间送医院,并通知家长。③加强幼儿的安全意识,强化自我保护能力。

小班组代表发言：《指南》指出"小班幼儿在引导下，不偏食、挑食，喜欢吃瓜果、蔬菜等新鲜食品。成人应为幼儿提供合理均衡的营养，满足幼儿生长发育的需要"。如果我是案例中的老师，首先会和家长进一步沟通，家园达成一致目标，同心共育幼儿；其次循序渐进地引导幼儿，开始时给幼儿吃少一点菜，然后慢慢地调整，逐步改善幼儿的饮食习惯；再次会用不同的方式鼓励幼儿，也会借助集体健康教育活动的开展，帮助幼儿初步树立正确的饮食观。

4.点题小结

幼儿身心发育尚未成熟，需要成人的精心呵护和照顾，但不宜过度保护和包办代替，以免剥夺幼儿自主学习的机会，养成过于依赖成人的不良习惯，影响其主动性、独立性的发展。教师要与幼儿建立良好的师生、同伴关系，让幼儿在集体生活中感到温暖，心情愉快，形成安全感、信赖感；还要根据幼儿的需要，建立科学的生活常规，培养幼儿良好的生活习惯和生活自理能力，这是重中之重。

❋ 活动结束

非常感谢各位老师倾情参与今天的活动。大家都是培育幼儿的园丁，为了幼儿的美好未来，希望在座的每一位都热爱幼儿、用心教育幼儿。

《指南》从健康、语言、社会、科学、艺术五个领域描述幼儿的学习与发展，并将幼儿健康放在了五大领域的首位。今天的研修活动中，每个案例都来自教育一线，都是实际工作中的问题，大家在分析、思考和辩论中不断提高认识、修正行为、改变观念，促进了每一位老师对《指南》内涵的理解和认识。希望老师们在日常工作中，能够认真学习并贯彻《指南》精神，做一名快乐且专业的幼儿老师。

江苏省无锡市育红实验幼儿园 俞淼

附录 3-6岁儿童学习与发展指南

说明

一、《指南》以为幼儿后继学习和终身发展奠定良好素质基础为目标，以促进幼儿体、智、德、美各方面的协调发展为核心，通过提出3-6岁各年龄段儿童学习与发展目标和相应的教育建议，帮助幼儿园教师和家长了解3-6岁幼儿学习与发展的基本规律和特点，建立对幼儿发展的合理期望，实施科学的保育和教育，让幼儿度过快乐而有意义的童年。

二、《指南》从健康、语言、社会、科学、艺术五个领域描述幼儿的学习与发展。每个领域按照幼儿学习与发展最基本、最重要的内容划分为若干方面。每个方面由学习与发展目标和教育建议两部分组成。

目标部分分别对3-4岁、4-5岁、5-6岁三个年龄段末期幼儿应该知道什么、能做什么、大致可以达到什么发展水平提出了合理期望，指明了幼儿学习与发展的具体方向；教育建议部分列举了一些能够有效帮助和促进幼儿学习与发展的教育途径与方法。

三、实施《指南》应把握以下几个方面：

1.注重幼儿学习与发展的整体性。儿童的发展是一个整体，要注重领域之间、目标之间的相互渗透和整合，促进幼儿身心全面协调发展，而不应片面追求某一方面或几方面的发展。

2.尊重幼儿发展的个体差异。幼儿的发展是一个持续渐进的过程，同时也表现出一定的阶段性特征。每个幼儿在沿着相似进程发展的过程中，各自的发展速度和到达某一水平的时间不完全相同。要充分理解和尊重幼儿发展进程中的个别差异，支持和引导他们从原有水平向更高水平发展，按照自身的速度和方式到达《指南》所呈现的发展"阶梯"，切忌用一把"尺子"衡量所有幼儿。

3. 理解幼儿的学习方式和特点。幼儿的学习是以直接经验为基础，在游戏和日常生活中进行的。要珍视游戏和生活的独特价值，创设丰富的教育环境，合理安排一日生活，最大限度地支持和满足幼儿通过直接感知、实际操作和亲身体验获取经验的需要，严禁"拔苗助长"式的超前教育和强化训练。

4. 重视幼儿的学习品质。幼儿在活动过程中表现出的积极态度和良好行为倾向是终身学习与发展所必需的宝贵品质。要充分尊重和保护幼儿的好奇心和学习兴趣，帮助幼儿逐步养成积极主动、认真专注、不怕困难、敢于探究和尝试、乐于想象和创造等良好学习品质。忽视幼儿学习品质培养，单纯追求知识技能学习的做法是短视而有害的。

一、健康

健康是指人在身体、心理和社会适应方面的良好状态。幼儿阶段是儿童身体发育和机能发展极为迅速的时期，也是形成安全感和乐观态度的重要阶段。发育良好的身体、愉快的情绪、强健的体质、协调的动作、良好的生活习惯和基本生活能力是幼儿身心健康的重要标志，也是其他领域学习与发展的基础。

为有效促进幼儿身心健康发展，成人应为幼儿提供合理均衡的营养，保证充足的睡眠和适宜的锻炼，满足幼儿生长发育的需要；创设温馨的人际环境，让幼儿充分感受到亲情和关爱，形成积极稳定的情绪情感；帮助幼儿养成良好的生活与卫生习惯，提高自我保护能力，形成使其受益终身的生活能力和文明生活方式。

幼儿身心发育尚未成熟，需要成人的精心呵护和照顾，但不宜过度保护和包办代替，以免剥夺幼儿自主学习的机会，养成过于依赖的不良习惯，影响其主动性、独立性的发展。

（一）身心状况

目标1 具有健康的体态

3-4岁	4-5岁	5-6岁
1.身高和体重适宜。 参考标准： 男孩： 身高：94.9-111.7厘米 体重：12.7-21.2公斤 女孩： 身高：94.1-111.3厘米 体重：12.3-21.5公斤 2.在提醒下能自然坐直、站直。	1.身高和体重适宜。 参考标准： 男孩： 身高：100.7-119.2厘米 体重：14.1-24.2公斤 女孩： 身高：99.9-118.9厘米 体重：13.7-24.9公斤 2.在提醒下能保持正确的站、坐和行走姿势。	1.身高和体重适宜。 参考标准： 男孩： 身高：106.1-125.8厘米 体重：15.9-27.1公斤 女孩： 身高：104.9-125.4厘米 体重：15.3-27.8公斤 2.经常保持正确的站、坐和行走姿势。

注：身高和体重数据来源：《2006年世界卫生组织儿童生长标准》4-6周岁儿童身高和体重的参考数据。

教育建议：

1.为幼儿提供营养丰富、健康的饮食。如：

● 参照《中国孕期、哺乳期妇女和0-6岁儿童膳食指南》，为幼儿提供谷物、蔬菜、水果、肉、奶、蛋、豆制品等多样化的食物，均衡搭配。

● 烹调方式要科学，尽量少煎炸、烧烤、腌制。

2.保证幼儿每天睡11-12小时，其中午睡一般应达到2小时左右。午睡时间可根据幼儿的年龄、季节的变化和个体的差异适当减少。

3.注意幼儿的体态，帮助他们形成正确的姿势。如：

● 提醒幼儿要保持正确的站、坐、走姿势；发现有八字脚、罗圈腿、驼背等骨骼发育异常的情况，应及时就医矫治。

- 桌、椅和床要合适。椅子的高度以幼儿写画时双脚能自然着地、大腿基本保持水平状为宜，桌子的高度以写画时身体能坐直，不驼背、不耸肩为宜；床不宜过软。

4.每年为幼儿进行健康检查。

目标2 情绪安定愉快

3~4岁	4~5岁	5~6岁
1.情绪比较稳定，很少因一点小事哭闹不止。 2.有比较强烈的情绪反应时，能在成人的安抚下逐渐平静下来。	1.经常保持愉快的情绪，不高兴时能较快缓解。 2.有比较强烈情绪反应时，能在成人提醒下逐渐平静下来。 3.愿意把自己的情绪告诉亲近的人，一起分享快乐或求得安慰。	1.经常保持愉快的情绪。知道引起自己某种情绪的原因，并努力缓解。 2.表达情绪的方式比较适度，不乱发脾气。 3.能随着活动的需要转换情绪和注意力。

教育建议：

1.营造温暖、轻松的心理环境，让幼儿形成安全感和信赖感。如：

- 保持良好的情绪状态，以积极、愉快的情绪影响幼儿。
- 以欣赏的态度对待幼儿。注意发现幼儿的优点，接纳他们的个体差异，不单与同伴做横向比较。
- 幼儿做错事时要冷静处理，不厉声斥责，更不能打骂。

2.帮助幼儿学会恰当表达和调控情绪。如：

- 成人用恰当的方式表达情绪，为幼儿做出榜样。如生气时不乱发脾气，不迁怒于人。
- 成人和幼儿一起谈论自己高兴或生气的事，鼓励幼儿与人分享自己的情绪。
- 允许幼儿表达自己的情绪，并给予适当的引导。如幼儿发脾气时不硬性压制，等其平静后告诉他什么行为是可以接受的。
- 发现幼儿不高兴时，主动询问情况，帮助他们化解消极情绪。

目标3 具有一定的适应能力

3-4岁	4-5岁	5-6岁
1.能在较热或较冷的户外环境中活动。 2.换新环境时情绪能较快稳定，睡眠、饮食基本正常。 3.在帮助下能较快适应集体生活。	1.能在较热或较冷的户外环境中连续活动半小时左右。 2.换新环境时较少出现身体不适。 3.能较快适应人际环境中发生的变化。如换了新老师能较快适应。	1.能在较热或较冷的户外环境中连续活动半小时以上。 2.天气变化时较少感冒，能适应车、船等交通工具造成的轻微颠簸。 3.能较快融入新的人际关系环境。如换了新的幼儿园或班级能较快适应。

教育建议：

1.保证幼儿的户外活动时间，提高幼儿适应季节变化的能力。

● 幼儿每天的户外活动时间一般不少于2小时，其中体育活动时间不少于1小时，季节交替时要坚持。

● 气温过热或过冷的季节或地区应因地制宜，选择温度适当的时间段开展户外活动，也可根据气温的变化和幼儿的个体差异，适当减少活动的时间。

2.经常与幼儿玩拉手转圈、秋千、转椅等游戏活动，让幼儿适应轻微的摆动、颠簸、旋转，促进其平衡机能的发展。

3.锻炼幼儿适应生活环境变化的能力。如：

● 注意观察幼儿在新环境中的饮食、睡眠、游戏等方面的情况，采取相应的措施帮助他们尽快适应新环境。

● 经常带幼儿接触不同的人际环境，如参加亲戚朋友聚会，多和不熟悉的小朋友玩，使幼儿较快适应新的人际关系。

（二）动作发展

目标1 具有一定的平衡能力，动作协调、灵敏

3–4岁	4–5岁	5–6岁
1.能沿地面直线或在较窄的低矮物体上走一段距离。 2.能双脚灵活交替上下楼梯。 3.能身体平稳地双脚连续向前跳。 4.分散跑时能躲避他人的碰撞。 5.能双手向上抛球。	1.能在较窄的低矮物体上平稳地走一段距离。 2.能以匍匐、膝盖悬空等多种方式钻爬。 3.能助跑跨跳过一定距离，或助跑跨跳过一定高度的物体。 4.能与他人玩追逐、躲闪跑的游戏。 5.能连续自抛自接球。	1.能在斜坡、荡桥和有一定间隔的物体上较平稳地行走。 2.能以手脚并用的方式安全地爬攀登架、网等。 3.能连续跳绳。 4.能躲避他人滚过来的球或扔过来的沙包。 5.能连续拍球。

教育建议：

1.利用多种活动发展身体平衡和协调能力。如：

● 走平衡木，或沿着地面直线、田埂行走。

● 玩跳房子、踢毽子、蒙眼走路、踩小高跷等游戏活动。

2.发展幼儿动作的协调性和灵活性。如：

● 鼓励幼儿进行跑跳、钻爬、攀登、投掷、拍球等活动。

● 玩跳竹竿、滚铁环等传统体育游戏。

3.对于拍球、跳绳等技能性活动，不要过于要求数量，更不能机械训练。

4.结合活动内容对幼儿进行安全教育，注重在活动中培养幼儿的自我保护能力。

目标2 具有一定的力量和耐力

3-4岁	4-5岁	5-6岁
1.能双手抓杠悬空吊起10秒左右。 2.能单手将沙包向前投掷2米左右。 3.能单脚连续向前跳2米左右。 4.能快跑15米左右。 5.能行走1公里左右（途中可适当停歇）。	1.能双手抓杠悬空吊起15秒左右。 2.能单手将沙包向前投掷4米左右。 3.能单脚连续向前跳5米左右。 4.能快跑20米左右。 5.能连续行走1.5公里左右（途中可适当停歇）。	1.能双手抓杠悬空吊起20秒左右。 2.能单手将沙包向前投掷5米左右。 3.能单脚连续向前跳8米左右。 4.能快跑25米左右。 5.能连续行走1.5公里以上（途中可适当停歇）。

教育建议：

1.开展丰富多样、适合幼儿年龄特点的各种身体活动，如走、跑、跳、攀、爬等，鼓励幼儿坚持下来，不怕累。

2.日常生活中鼓励幼儿多走路、少坐车；自己上下楼梯、自己背包。

目标3 手的动作灵活协调

3-4岁	4-5岁	5-6岁
1.能用笔涂涂画画。 2.能熟练地用勺子吃饭。 3.能用剪刀沿直线剪，边线基本吻合。	1.能用笔涂涂画画。 2.能熟练地用勺子吃饭。 3.能用剪刀沿直线剪，边线基本吻合。	1.能用笔涂涂画画。 2.能熟练地用勺子吃饭。 3.能用剪刀沿直线剪，边线基本吻合。

教育建议：

1.创造条件和机会，促进幼儿手的动作灵活协调。如：

- 提供画笔、剪刀、纸张、泥团等工具和材料，或充分利用各种自然、废旧材料和常见物品，让幼儿进行画、剪、折、粘等美工活动。

• 引导幼儿生活自理或参与家务劳动，发展其手的动作。如练习自己用筷子吃饭、扣扣子，帮助家人择菜叶、做面食等。

• 幼儿园在布置娃娃家、商店等活动区时，多提供原材料和半成品，让幼儿有更多机会参与制作活动。

2.引导幼儿注意活动安全。如：

• 为幼儿提供的塑料粒、珠子等活动材料要足够大，材质要安全，以免造成异物进入气管、铅中毒等伤害。提供幼儿用安全剪刀。

• 为幼儿示范拿筷子、握笔的正确姿势以及使用剪刀、锤子等工具的方法。

• 提醒幼儿不要拿剪刀等锋利工具玩耍，用完后要放回原处。

（三）生活习惯与生活能力

目标1　具有良好的生活与卫生习惯

3-4岁	4-5岁	5-6岁
1.在提醒下，按时睡觉和起床，并能坚持午睡。 2.喜欢参加体育活动。 3.在引导下，不偏食、挑食。喜欢吃瓜果、蔬菜等新鲜食品。 4.愿意饮用白开水，不贪喝饮料。 5.不用脏手揉眼睛，连续看电视等不超过15分钟。 6.在提醒下，每天早晚刷牙、饭前便后洗手。	1.每天按时睡觉和起床，并能坚持午睡。 2.喜欢参加体育活动。 3.不偏食、挑食，不暴饮暴食。喜欢吃瓜果、蔬菜等新鲜食品。 4.常喝白开水，不贪喝饮料。 5.知道保护眼睛，不在光线过强或过暗的地方看书，连续看电视等不超过20分钟。 6.每天早晚刷牙、饭前便后洗手，方法基本正确。	1.养成每天按时睡觉和起床的习惯。 2.能主动参加体育活动。 3.吃东西时细嚼慢咽。 4.主动饮用白开水，不贪喝饮料。 5.主动保护眼睛。不在光线过强或过暗的地方看书，连续看电视等不超过30分钟。 6.每天早晚主动刷牙，饭前便后主动洗手，方法正确。

教育建议：

1. 让幼儿保持有规律的生活，养成良好的作息习惯。如：早睡早起、每天午睡、按时进餐、吃好早餐等。

2. 帮助幼儿养成良好的饮食习惯。如：

- 合理安排餐点，帮助幼儿养成定点、定时、定量进餐的习惯。
- 帮助幼儿了解食物的营养价值，引导他们不偏食不挑食、少吃或不吃不利于健康的食品；多喝白开水，少喝饮料。
- 吃饭时不过分催促，提醒幼儿细嚼慢咽，不要边吃边玩。

3. 帮助幼儿养成良好的个人卫生习惯。如：

- 早晚刷牙、饭后漱口。
- 勤为幼儿洗澡、换衣服、剪指甲。
- 提醒幼儿保护五官，如不乱挖耳朵、鼻孔，看电视时保持3米左右的距离等。

4. 激发幼儿参加体育活动的兴趣，养成锻炼的习惯。如：

- 为幼儿准备多种体育活动材料，鼓励幼儿选择自己喜欢的材料开展活动。
- 经常和幼儿一起在户外运动和游戏，鼓励幼儿和同伴一起开展体育活动。
- 和幼儿一起观看体育比赛或有关体育赛事的电视节目，培养幼儿对体育活动的兴趣。

目标2　具有基本的生活自理能力

3-4岁	4-5岁	5-6岁
1.在帮助下能穿脱衣服或鞋袜。 2.能将玩具和图书放回原处。	1.能自己穿脱衣服、鞋袜、扣钮扣。 2.能整理自己的物品。	1.能知道根据冷热增减衣服。 2.会自己系鞋带。 3.能按类别整理好自己的物品。

教育建议：

1. 鼓励幼儿做力所能及的事情，对幼儿的尝试与努力给予肯定，不因做不好或做得慢而包办代替。

2. 指导幼儿学习和掌握生活自理的基本方法，如穿脱衣服和鞋袜、洗手洗脸、擦鼻涕、擦屁股的正确方法。

3. 提供有利于幼儿生活自理的条件。如：

- 提供一些纸箱、盒子，供幼儿收拾和存放自己的玩具、图书或生活用品等。
- 幼儿的衣服、鞋子等要简单实用，便于自己穿脱。

目标3 具备基本的安全知识和自我保护能力

3～4岁	4～5岁	5～6岁
1.不吃陌生人给的东西，不跟陌生人走。 2.在提醒下能注意安全，不做危险的事。 3.在公共场所走失时，能向警察或有关人员说出自己和家长的名字、电话号码等简单信息。	1.知道在公共场合不远离成人的视线单独活动。 2.认识常见的安全标志，能遵守安全规则。 3.运动时能主动躲避危险。 4.知道简单的求助方式。	1.未经大人允许不给陌生人开门。 2.能自觉遵守基本的安全规则和交通规则。 3.运动时能注意安全，不给他人造成危险。 4.知道一些基本的防灾知识。

教育建议：

1. 创设安全的生活环境，提供必要的保护措施。如：

- 要把热水瓶、药品、火柴、刀具等物品放到幼儿够不到的地方；阳台或窗台要有安全保护措施；要使用安全的电源插座等。
- 在公共场所要注意照看好幼儿；幼儿乘车、乘电梯时要有成人陪伴；不把幼儿单独留在家里或汽车里等。

2. 结合生活实际对幼儿进行安全教育。如：

- 外出时，提醒幼儿要紧跟成人，不远离成人的视线，不跟陌生人走，不吃陌生人给的东西；不在河边和马路边玩耍；要遵守交通规则等。

- 帮助幼儿了解周围环境中不安全的事物，不做危险的事，如不动热水壶，不玩火柴或打火机，不摸电源插座，不攀爬窗户或阳台等。
- 帮助幼儿认识常见的安全标识，如：小心触电、小心有毒、禁止下河游泳、紧急出口等。
- 告诉幼儿不允许别人触摸自己的隐私部位。

3.教给幼儿简单的自救和求救的方法。如：

- 记住自己家庭的住址、电话号码、父母的姓名和单位，一旦走失时知道向成人求助，并能提供必要信息。
- 遇到火灾或其他紧急情况时，知道要拨打110、120、119等求救电话。
- 可利用图书、音像等材料对幼儿进行逃生和求救方面的教育，并运用游戏方式模拟练习。
- 幼儿园应定期进行火灾、地震等自然灾害的逃生演习。

二、语言

语言是交流和思维的工具。幼儿期是语言发展，特别是口语发展的重要时期。幼儿语言的发展贯穿于各个领域，也对其他领域的学习与发展有着重要的影响：幼儿在运用语言进行交流的同时，也在发展着人际交往能力、理解他人和判断交往情境的能力、组织自己思想的能力。通过语言获取信息，幼儿的学习逐步超越个体的直接感知。

幼儿的语言能力是在交流和运用的过程中发展起来的。应为幼儿创设自由、宽松的语言交往环境，鼓励和支持幼儿与成人、同伴交流，让幼儿想说、敢说、喜欢说并能得到积极回应。为幼儿提供丰富、适宜的低幼读物，经常和幼儿一起看图书、讲故事，丰富其语言表达能力，培养其阅读兴趣和良好的阅读习惯，进一步拓展学习经验。

幼儿的语言学习需要相应的社会经验支持，应通过多种活动扩展幼儿的生活经验，丰富语言的内容，增强理解和表达能力。应在生活情境和阅读活动中引导幼儿自然而然地产生对文字的兴趣，用机械记忆和强化训练的方式让幼儿过早识字不符合其学习特点和接受能力。

（一）倾听与表达

目标1 认真听并能听懂常用语言

3–4岁	4–5岁	5–6岁
1.别人对自己说话时能注意听并做出回应。 2.能听懂日常会话。	1.在群体中能有意识地听与自己有关的信息。 2.能结合情境感受到不同语气、语调所表达的不同意思。 3.方言地区和少数民族幼儿能基本听懂普通话。	1.在集体中能注意听老师或其他人讲话。 2.听不懂或有疑问时主动提问。 3.能结合情境理解一些表示因果、假设等相对复杂的句子。

教育建议：

1.多给幼儿提供倾听和交谈的机会。如：经常和幼儿一起谈论他感兴趣的话题，或一起看图书、讲故事。

2.引导幼儿学会认真倾听。如：

• 成人要耐心倾听别人（包括幼儿）的讲话，等别人讲完再表达自己的观点。

• 与幼儿交谈时，要用幼儿能听得懂的语言。

• 对幼儿提要求和布置任务时要求他注意听，鼓励他主动提问。

3.对幼儿讲话时，注意结合情境使用丰富的语言，以便于幼儿理解。如：

• 说话时注意语气、语调，让幼儿感受语气、语调的作用。比如对幼儿的不合理要求以比较坚定的语气表示不同意；讲故事时，尽量把故事人物高兴、悲伤的心情用不同的语气、语调表现出来。

- 根据幼儿的理解水平有意识地使用一些反映因果、假设、条件等关系的句子。

目标2 愿意讲话并能清楚地表达

3-4岁	4-5岁	5-6岁
1.愿意在熟悉的人面前说话，能大方地与人打招呼。 2.基本会说本民族或本地区的语言。 3.愿意表达自己的需要和想法，必要时能配以手势动作。 4.能口齿清楚地说儿歌、童谣或复述简短的故事。	1.愿意与他人交谈，喜欢谈论自己感兴趣的话题。 2.会说本民族或本地区的语言，基本会说普通话。少数民族聚居地区幼儿会用普通话进行日常会话。 3.能基本完整地讲述自己的所见所闻和经历的事情。 4.讲述比较连贯。	1.愿意与他人讨论问题，敢在众人面前说话。 2.会说本民族或本地区的语言和普通话，发音正确清晰。少数民族聚居地区幼儿基本会说普通话。 3.能有序、连贯、清楚地讲述一件事情。 4.讲述时能使用常见的形容词、同义词等，语言比较生动。

教育建议：

1.为幼儿创造说话的机会并体验语言交往的乐趣。如：

- 每天有足够的时间与幼儿交谈，如谈论他感兴趣的话题，询问和听取他对自己事情的意见等。

- 尊重和接纳幼儿的说话方式，无论幼儿的表达水平如何，都应认真地倾听并给予积极的回应。

- 鼓励和支持幼儿与同伴一起玩耍、交谈，相互讲述见闻、趣事或看过的图书、动画片等。

- 方言和少数民族地区应积极为幼儿创设用普通话交流的语言环境。

2.引导幼儿清楚地表达。如：

• 和幼儿讲话时，成人自身的语言要清楚、简洁。

• 当幼儿因为急于表达而说不清楚的时候，提醒他不要着急，慢慢说，同时要耐心倾听，给予必要的补充，帮助他理清思路并清晰地说出来。

目标3　具有文明的语言习惯

3-4岁	4-5岁	5-6岁
1.与别人讲话时知道眼睛要看着对方。 2.说话自然，声音大小适中。 3.能在成人的提醒下使用恰当的礼貌用语。	1.别人对自己讲话时能回应。 2.能根据场合调节自己说话声音的大小。 3.能主动使用礼貌用语，不说脏话、粗话。	1.别人讲话时能积极主动地回应。 2.能根据谈话对象和需要，调整说话的语气。 3.懂得按次序轮流讲话，不随意打断别人。 4.能依据所处情境使用恰当的语言。如在别人难过时会用恰当的语言表示安慰。

教育建议：

1.成人注意语言文明，为幼儿做出表率。如：

• 与他人交谈时，认真倾听，使用礼貌用语。

• 在公共场合不大声说话，不说脏话、粗话。

• 幼儿表达意见时，成人可蹲下来，眼睛平视幼儿，耐心听他把话说完。

2.帮助幼儿养成良好的语言行为习惯。如：

• 结合情境提醒幼儿一些必要的交流礼节，如对长辈说话要有礼貌、客人来访时要打招呼、得到帮助时要说谢谢等。

• 提醒幼儿遵守集体生活的语言规则，如轮流发言、不随意打断别人讲话等。

- 提醒幼儿注意公共场所的语言文明，如不大声喧哗等。

（二）阅读与书写准备

目标1 喜欢听故事，看图书

3~4岁	4~5岁	5~6岁
1.主动要求成人讲故事、读图书。 2.喜欢跟读韵律感强的儿歌、童谣。 3.爱护图书，不乱撕、乱扔。	1.反复看自己喜欢的图书。 2.喜欢把听过的故事或看过的图书讲给别人听。 3.对生活中常见的标识、符号感兴趣，知道它们表示一定的意义。	1.专注地阅读图书。 2.喜欢与他人一起谈论图书和故事的有关内容。 3.对图书和生活情境中的文字符号感兴趣，知道文字表示一定的意义。

教育建议：

1.为幼儿提供良好的阅读环境和条件。如：

- 提供一定数量、符合幼儿年龄特点、富有童趣的图画书。
- 提供相对安静的地方，尽量减少干扰，保证幼儿自主阅读。

2.激发幼儿的阅读兴趣，培养阅读习惯。如：

- 经常抽时间与幼儿一起看图书、讲故事。
- 提供童谣、故事和诗歌等不同体裁的儿童文学作品，让幼儿自主选择和阅读。
- 当幼儿遇到感兴趣的事物或问题时，和他一起查阅图书资料，让他感受图书的作用，体会通过阅读获取信息的乐趣。

3.引导幼儿体会标识、文字符号的用途。如：

- 向幼儿介绍医院、公用电话等生活中的常见标识，让他知道标识可以代表具体事物。
- 结合生活实际，帮助幼儿体会文字的用途，如买来新玩具时，把说明书上的文字念给幼儿听,了解玩具的玩法。

目标2 具有初步的阅读理解能力

3~4岁	4~5岁	5~6岁
1.能听懂短小的儿歌或故事。 2.会看画面,能根据画面说出图中有什么、发生了什么事等。 3.能理解图书上的文字是和画面对应的,是用来表达画面意义的。	1.能大体讲出所听故事的主要内容。 2.能根据连续画面提供的信息,大致说出故事的情节。 3.能随着作品的展开产生喜悦、担忧等相应的情绪反应,体会作品所表达的情绪情感。	1.能说出所阅读的幼儿文学作品的主要内容。 2.能根据故事的部分情节或图书画面的线索猜想故事情节的发展,或续编、创编故事。 3.对看过的图书、听过的故事能说出自己的看法。 4.能初步感受文学语言的美。

教育建议:

1.经常和幼儿一起阅读,引导他们以自己的经验为基础理解图书的内容。如:

● 引导幼儿仔细观察画面,结合画面讨论故事内容,学习建立画面与故事内容的联系。

● 和幼儿一起讨论或回忆书中的故事情节,引导他们有条理地说出故事的大致内容。

● 在给幼儿读书或讲故事时,可先不告诉名字,让幼儿听完后自己命名,并说出这样命名的理由。

● 鼓励幼儿自主阅读,并与他人讨论自己在阅读中的发现、体会和想法。

2.在阅读中发展幼儿的想象和创造能力。如:

● 鼓励幼儿依据画面线索讲述故事,大胆推测、想象故事情节的发展,改编故事部分情节或续编故事结尾。

• 鼓励幼儿用故事表演、绘画等不同的方式表达自己对图书和故事的理解。

• 鼓励和支持幼儿自编故事,并为自编的故事配上图画,制成图画书。

3.引导幼儿感受文学作品的美。如:

• 有意识地引导幼儿欣赏或模仿文学作品的语言节奏和韵律。

• 给幼儿读书时,通过表情、动作和抑扬顿挫的声音传达书中的情绪情感,让幼儿体会作品的感染力和表现力。

目标3 具有书面表达的愿望和初步技能

3-4岁	4-5岁	5-6岁
1.喜欢用涂涂画画表达一定的意思。	1.愿意用图画和符号表达自己的愿望和想法。 2.在成人提醒下,写写画画时姿势正确。	1.愿意用图画和符号表现事物或故事。 2.会正确书写自己的名字。 3.写画时姿势正确。

教育建议:

1.让幼儿在写写画画的过程中体验文字符号的功能,培养书写兴趣。如:

• 准备供幼儿随时取放的纸、笔等材料,也可利用沙地、树枝等自然材料,满足幼儿自由涂画的需要。

• 鼓励幼儿将自己感兴趣的事情或故事画下来并讲给别人听,让幼儿体会写写画画的方式可以表达自己的想法和情感。

• 把幼儿讲过的事情用文字记录下来,并念给他听,使幼儿知道说的话可以用文字记录下来,从中体会文字的用途。

2.在绘画和游戏中做必要的书写准备,如:

• 通过把虚线画出的图形轮廓连成实线等游戏,促进手眼协调,同时帮助幼儿学习由上至下、由左至右的运笔技能。

- 鼓励幼儿学习书写自己的名字。
- 提醒幼儿写画时保持正确姿势。

三、社会

　　幼儿社会领域的学习与发展过程是其社会性不断完善并奠定健全人格基础的过程。人际交往和社会适应是幼儿社会学习的主要内容，也是其社会性发展的基本途径。幼儿在与成人和同伴交往的过程中，不仅学习如何与人友好相处，也在学习如何看待自己、对待他人，不断发展适应社会生活的能力。良好的社会性发展对幼儿身心健康和其他各方面的发展都具有重要影响。

　　家庭、幼儿园和社会应共同努力，为幼儿创设温暖、关爱、平等的家庭和集体生活氛围，建立良好的亲子关系、师生关系和同伴关系，让幼儿在积极健康的人际关系中获得安全感和信任感，发展自信和自尊，在良好的社会环境及文化熏陶中学会遵守规则，形成基本的认同感和归属感。

　　幼儿的社会性主要是在日常生活和游戏中通过观察和模仿潜移默化地发展起来的。成人应注重自己言行的榜样作用，避免简单生硬地说教。

（一）人际交往

目标1　愿意与人交往

3–4岁	4–5岁	5–6岁
1.愿意和小朋友一起游戏。 2.愿意与熟悉的长辈一起活动。	1.喜欢和小朋友一起游戏，有经常一起玩的小伙伴。 2.喜欢和长辈交谈，有事愿意告诉长辈。	1.有自己的好朋友，也喜欢结交新朋友。 2.有问题愿意向别人请教。 3.有高兴的或有趣的事愿意与大家分享。

教育建议：

1. 主动亲近和关心幼儿，经常和他一起游戏或活动，让幼儿感受到与成人交往的快乐，建立亲密的亲子关系和师生关系。

2. 创造交往的机会，让幼儿体会交往的乐趣。如：

- 利用走亲戚、到朋友家做客或有客人来访的时机，鼓励幼儿与他人接触和交谈。
- 鼓励幼儿参加小朋友的游戏，邀请小朋友到家里玩，感受有朋友一起玩的快乐。
- 幼儿园应多为幼儿提供自由交往和游戏的机会，鼓励他们自主选择、自由结伴开展活动。

目标2　能与同伴友好相处

3-4岁	4-5岁	5-6岁
1.想加入同伴的游戏时，能友好地提出请求。 2.在成人指导下，不争抢、不独霸玩具。 3.与同伴发生冲突时，能听从成人的劝解。	1.会运用介绍自己、交换玩具等简单技巧加入同伴游戏。 2.对大家都喜欢的东西能轮流分享。 3.与同伴发生冲突时，能在他人帮助下和平解决。 4.活动时愿意接受同伴的意见和建议。 5.不欺负弱小。	1.能想办法吸引同伴和自己一起游戏。 2.活动时能与同伴分工合作，遇到困难能一起克服。 3.与同伴发生冲突时能自己协商解决。 4.知道别人的想法有时和自己不一样，能倾听和接受别人的意见，不能接受时会说明理由。 5.不欺负别人，也不允许别人欺负自己。

教育建议：

1. 结合具体情境，指导幼儿学习交往的基本规则和技能。如：

- 当幼儿不知怎样加入同伴游戏，或提出请求不被接受时，建议他拿出玩具邀请大家一起玩；或者扮成某个角色加入同伴的游戏中。

● 对幼儿与别人分享玩具、图书等行为给予肯定，让他对自己的表现感到高兴和满足。

● 当幼儿与同伴发生矛盾或冲突时，指导他尝试用协商、交换、轮流玩、合作等方式解决冲突。

● 利用相关的图书、故事，结合幼儿的交往经验，和他讨论什么样的行为受大家欢迎，想要得到别人的接纳应该怎样做。

● 幼儿园应多为幼儿提供需要大家齐心协力才能完成的活动，让幼儿在具体活动中体会合作的重要性，学习分工合作。

2.结合具体情境，引导幼儿换位思考，学习理解别人。如：

● 幼儿有争抢玩具等不友好行为时，引导他们想想"假如你是那个小朋友，你有什么感受？"让幼儿学习理解别人的想法和感受。

3.和幼儿一起谈谈他的好朋友，说说喜欢这个朋友的原因，引导他多发现同伴的优点、长处。

目标3 具有自尊、自信、自主的表现

3-4岁	4-5岁	5-6岁
1.能根据自己的兴趣选择游戏或其他活动。 2.为自己的好行为或活动成果感到高兴。 3.自己能做的事情愿意自己做。 4.喜欢承担一些小任务。	1.能按自己的想法进行游戏或其他活动。 2.知道自己的一些优点和长处，并对此感到满意。 3.自己的事情尽量自己做，不愿意依赖别人。 4.敢于尝试有一定难度的活动和任务。	1.能主动发起活动或在活动中出主意、想办法。 2.做了好事或取得了成功后还想做得更好。 3.自己的事情自己做，不会的愿意学。 4.主动承担任务，遇到困难能够坚持而不轻易求助。 5.与别人的看法不同时，敢于坚持自己的意见并说出理由。

教育建议：

1. 关注幼儿的感受，保护其自尊心和自信心。如：

● 能以平等的态度对待幼儿，使幼儿切实感受到自己被尊重。

● 对幼儿好的行为表现多给予具体、有针对性的肯定和表扬，让他对自己的优点和长处有所认识并感到满足和自豪。

● 不要拿幼儿的不足与其他幼儿的优点作比较。

2. 鼓励幼儿自主决定，独立做事，增强其自尊心和自信心。如：

● 与幼儿有关的事情要征求他的意见，即使他的意见与成人不同，也要认真倾听，接受他的合理要求。

● 在保证安全的情况下，支持幼儿按自己的想法做事；或提供必要的条件，帮助他实现自己的想法。

● 幼儿自己的事情尽量放手让他自己做，即使做得不够好，也应鼓励并给予一定的指导，让他在做事中树立自尊和自信。

● 鼓励幼儿尝试有一定难度的任务，并注意调整难度，让他感受经过努力获得的成就感。

目标4 关心尊重他人

3~4岁	4~5岁	5~6岁
1.长辈讲话时能认真听，并能听从长辈的要求。 2.身边的人生病或不开心时表示同情。 3.在提醒下能做到不打扰别人。	1.会用礼貌的方式向长辈表达自己的要求和想法。 2.能注意到别人的情绪，并有关心、体贴的表现。 3.知道父母的职业，能体会到父母为养育自己所付出的辛劳。	1.能有礼貌地与人交往。 2.能关注别人的情绪和需要，并能给予力所能及的帮助。 3.尊重为大家提供服务的人，珍惜他们的劳动成果。 4.接纳、尊重与自己的生活方式或习惯不同的人。

教育建议：

1.成人以身作则，以尊重、关心的态度对待自己的父母、长辈和其他人。如：

- 经常问候父母，主动做家务。
- 礼貌对待老年人，如坐车时主动给老人让座。
- 看到别人有困难能主动关心并给予一定的帮助。

2.引导幼儿尊重、关心长辈和身边的人，尊重他人的劳动及成果。如：

- 提醒幼儿关心身边的人，如妈妈累了，知道让她安静休息一会儿。
- 借助故事、图书等给幼儿讲讲父母抚育孩子成长的经历，让幼儿理解和体会父爱与母爱。
- 结合实际情境，提醒幼儿注意别人的情绪，了解他们的需要，给予适当的关心和帮助。
- 利用生活机会和角色游戏，帮助幼儿了解与自己关系密切的社会服务机构及其工作，如商场、邮局、医院等，体会这些机构给大家提供的便利和服务，懂得尊重工作人员的劳动，珍惜劳动成果。

3.引导幼儿学习用平等、接纳和尊重的态度对待差异。如：

- 了解每个人都有自己的兴趣、爱好和特长，可以相互学习。
- 利用民间游戏、传统节日等，适当向幼儿介绍我国主要民族和世界其他国家和民族的文化，帮助幼儿感知文化的多样性和差异性，理解人们之间是平等的，应该互相尊重，友好相处。

（二）社会适应

目标1　喜欢并适应群体生活

3-4岁	4-5岁	5-6岁
1.对群体活动有兴趣。 2.对幼儿园的生活好奇，喜欢上幼儿园。	1.愿意并主动参加群体活动。 2.愿意与家长一起参加社区的一些群体活动。	1.在群体活动中积极、快乐。 2.对小学生活有好奇和向往。

教育建议：

1.经常和幼儿一起参加一些群体性的活动，让幼儿体会群体活动的乐趣。如：参加亲戚、朋友和同事间的聚会以及适合幼儿参加的社区活动等，支持幼儿和不同群体的同伴一起游戏，丰富其群体活动的经验。

2.幼儿园组织活动时，可以经常打破班级的界限，让幼儿有更多机会参加不同群体的活动。

3.带领大班幼儿参观小学，讲讲小学有趣的活动，唤起他们对小学生活的好奇和向往，为入学做好心理准备。

目标2　遵守基本的行为规范

3-4岁	4-5岁	5-6岁
1.在提醒下，能遵守游戏和公共场所的规则。 2.知道不经允许不能拿别人的东西，借别人的东西要归还。 3.在成人提醒下，爱护玩具和其他物品。	1.感受规则的意义，并能基本遵守规则。 2.不私自拿不属于自己的东西。 3.知道说谎是不对的。 4.知道接受了的任务要努力完成。 5.在提醒下，能节约粮食、水电等。	1.理解规则的意义，能与同伴协商制定游戏和活动规则。 2.爱惜物品，用别人的东西时也知道爱护。 3.做了错事敢于承认，不说谎。 4.能认真负责地完成自己所接受的任务。 5.爱护身边的环境，注意节约资源。

教育建议：

1. 成人要遵守社会行为规则，为幼儿树立良好的榜样。如：答应幼儿的事一定要做到、尊老爱幼、爱护公共环境、节约水电等。

2. 结合社会生活实际，帮助幼儿了解基本行为规则或其他游戏规则，体会规则的重要性，学习自觉遵守规则。如：

- 经常和幼儿玩带有规则的游戏，遵守共同约定的游戏规则。
- 利用实际生活情境和图书故事，向幼儿介绍一些必要的社会行为规则，以及为什么要遵守这些规则。
- 在幼儿园的区域活动中，创设情境，让幼儿体会没有规则的不方便，鼓励他们讨论制定规则并自觉遵守。
- 对幼儿表现出的遵守规则的行为要及时肯定，对违规行为给予纠正。如：幼儿主动为老人让座时要表扬；幼儿损害别人的物品或公共物品时要及时制止并主动赔偿。

3. 教育幼儿要诚实守信。如：

- 对幼儿诚实守信的行为要及时肯定。
- 允许幼儿犯错误，告诉他改了就好。不要打骂幼儿，以免他因害怕惩罚而说谎。
- 小年龄幼儿经常分不清想象和现实，成人不要误认为他是在说谎。
- 发现幼儿说谎时，要反思是否是因自己对幼儿的要求过高过严造成的。如果是，要及时调整自己的行为，同时要严肃地告诉幼儿说谎是不对的。
- 经常给幼儿分配一些力所能及的任务，要求他完成并及时给予表扬，培养他的责任感和认真负责的态度。

目标3 具有初步的归属感

3-4岁	4-5岁	5-6岁
1.在提醒下，能遵守游戏和公共场所的规则。 2.知道不经允许不能拿别人的东西，借别人的东西要归还。 3.在成人提醒下，爱护玩具和其他物品。	1.喜欢自己所在的幼儿园和班级，积极参加集体活动。 2.能说出自己家所在地的省、市、县（区）名称，知道当地有代表性的物产或景观。 3.知道自己是中国人。 4.奏国歌、升国旗时能自动站好。	1.愿意为集体做事，为集体的成绩感到高兴。 2.能感受到家乡的发展变化并为此感到高兴。 3.知道自己的民族，知道中国是一个多民族的大家庭，各民族之间要互相尊重，团结友爱。 4.知道国家一些重大成就，爱祖国，为自己是中国人感到自豪。

教育建议：

1.亲切地对待幼儿，关心幼儿，让他感到长辈是可亲、可近、可信赖的，家庭和幼儿园是温暖的。如：

- 多和孩子一起游戏、谈笑，尽量在家庭和班级中营造温馨的氛围。
- 通过和幼儿一起翻阅照片、讲述幼儿成长的故事等，让幼儿感受到家庭和幼儿园的温暖，老师的和蔼可亲，对养育自己的人产生感激之情。

2.吸引和鼓励幼儿参加集体活动，萌发集体意识。如：

- 幼儿园和班级里的重大事情和计划，请幼儿集体讨论决定。
- 幼儿园应经常组织多种形式的集体活动，萌发幼儿的集体荣誉感。

3.运用幼儿喜闻乐见和能够理解的方式激发幼儿爱家乡、爱祖国的情感。如：

- 和幼儿说一说或在地图上找一找自己家所在的省、市、县（区）名称。
- 和幼儿一起外出游玩，一起看有关的电视节目或画报等；和他们一起收集有关家乡、祖国各地的风景名胜、著名的建筑、独特物产的图片等，在观看和欣赏的过程中激发幼儿的自豪感和热爱之情。
- 利用电视节目或参加升旗等活动，向幼儿介绍国旗、国歌以及观看升旗、奏国歌的礼仪。
- 向幼儿介绍反映中国人聪明才智的发明和创造，激发幼儿的民族自豪感。

四、科学

幼儿的科学学习是在探究具体事物和解决实际问题中，尝试发现事物间的异同和联系的过程。幼儿在对自然事物的探究和运用数学解决实际生活问题的过程中，不仅会获得丰富的感性经验，充分发展形象思维，而且初步尝试归类、排序、判断、推理，逐步发展逻辑思维能力，为其他领域的深入学习奠定基础。

幼儿科学学习的核心是激发探究兴趣，体验探究过程，发展初步的探究能力。成人要善于发现和保护幼儿的好奇心，充分利用自然和实际生活机会，引导幼儿通过观察、比较、操作、实验等方法，学习发现问题、分析问题和解决问题；帮助幼儿不断积累经验，并运用于新的学习活动，形成受益终身的学习态度和能力。

幼儿的思维特点是以具体形象思维为主，应注重引导幼儿通过直接感知、亲身体验和实际操作进行科学学习，不应为追求知识和技能的掌握，对幼儿进行灌输和强化训练。

（一）科学探究

目标1　亲近自然，喜欢探究

3-4岁	4-5岁	5-6岁
1.喜欢接触大自然，对周围的很多事物和现象感兴趣。 2.经常问各种问题，或好奇地摆弄物品。 3.在成人提醒下，爱护玩具和其他物品。	1.喜欢接触新事物，经常问一些与新事物有关的问题。 2.常常动手动脑探索物体和材料，并乐在其中。	1.对自己感兴趣的问题总是刨根问底。 2.能经常动手动脑寻找问题的答案。 3.探索中有所发现时感到兴奋和满足。

教育建议：

1.经常带幼儿接触大自然，激发其好奇心与探究欲望。如：

● 为幼儿提供一些有趣的探究工具，用自己的好奇心和探究积极性感染和带动幼儿。

● 和幼儿一起发现并分享周围新奇、有趣的事物或现象，一起寻找问题的答案。

● 通过拍照和画图等方式保留和积累有趣的探索与发现。

2.真诚地接纳、多方面支持和鼓励幼儿的探索行为。如：

● 认真对待幼儿的问题，引导他们猜一猜、想一想，有条件时和幼儿一起做一些简易的调查或有趣的小实验。

● 容忍幼儿因探究而弄脏、弄乱，甚至破坏物品的行为，引导他们活动后做好收拾整理。

● 多为幼儿选择一些能操作、多变化、多功能的玩具材料或废旧材料，在保证安全的前提下，鼓励幼儿拆装或动手自制玩具。

目标2 具有初步的探究能力

3~4岁	4~5岁	5~6岁
1.对感兴趣的事物能仔细观察，发现其明显特征。 2.能用多种感官或动作去探索物体，关注动作所产生的结果。	1.能对事物或现象进行观察比较，发现其相同与不同。 2.能根据观察结果提出问题，并大胆猜测答案。 3.能通过简单的调查收集信息。 4.能用图画或其他符号进行记录。	1.能通过观察、比较与分析，发现并描述不同种类物体的特征或某个事物前后的变化。 2.能用一定的方法验证自己的猜测。 3.在成人的帮助下能制订简单的调查计划并执行。 4.能用数字、图画、图表或其他符号记录。 5.探究中能与他人合作与交流。

教育建议：

1.有意识地引导幼儿观察周围事物，学习观察的基本方法，培养观察与分类能力。如：

● 支持幼儿自发的观察活动，对其发现表示赞赏。

● 通过提问等方式引导幼儿思考并对事物进行比较观察和连续观察。

● 引导幼儿在观察和探索的基础上，尝试进行简单的分类、概括。如：根据运动方式给动物分类，根据生长环境给植物分类，根据外部特征给物体分类等。

2.支持和鼓励幼儿在探究的过程中积极动手动脑寻找答案或解决问题。如：

● 鼓励幼儿根据观察或发现提出值得继续探究的问题，或成人提出有探究意义且能激发幼儿兴趣的问题。如：皮球、轮胎、竹筒等物体滚动时都走直线吗？怎样让橡皮泥球浮在水面上？

● 支持和鼓励幼儿大胆联想、猜测问题的答案，并设法验证。如：玩风车时，鼓励幼儿猜测风车转动方向及速度快慢的原因和条件，并实际去验证。

● 支持、引导幼儿学习用适宜的方法探究和解决问题，或为自己的想法收集证据。如：想知道院子里有多少种植物，可以进行实地调查；想知道球在平地上还是在斜坡上滚得快，可以动手试一试；想证明影子的方向与太阳的位置有关，可以做个小实验进行验证等。

3. 鼓励和引导幼儿学习做简单的计划和记录，并与他人交流分享。如：

● 和幼儿共同制订调查计划，讨论调查对象、步骤和方法等，也可以和幼儿一起设法用图画、箭头等标识呈现计划。

● 鼓励幼儿用绘画、照相、做标本等办法记录观察和探究的过程与结果，注意要让记录有意义，通过记录帮助幼儿丰富观察经验、建立事物之间的联系和分享发现。

● 支持幼儿与同伴合作探究与分享交流，引导他们在交流中尝试整理、概括自己探究的成果，体验合作探究和发现的乐趣。如：一起讨论和分享自己的问题与发现，一起想办法收集资料和验证猜测。

4. 帮助幼儿回顾自己的探究过程，讨论自己做了什么，怎么做的，结果与计划目标是否一致，分析一下原因以及下一步要怎样做等。

目标3 在探究中认识周围事物和现象

3-4岁	4-5岁	5-6岁
1.认识常见的动植物，能注意并发现周围的动植物是多种多样的。 2.能感知和发现物体和材料的软硬、光滑和粗糙等特性。	1.能感知和发现动植物的生长变化及其基本条件。 2.能感知和发现常见材料的溶解、传热等性质或用途。	1.能察觉到动植物的外形特征、习性与生存环境的适应关系。 2.能发现常见物体的结构与功能之间的关系。 3.能探索并发现常见的

续表

3-4岁	4-5岁	5-6岁
3.能感知和体验天气对自己生活和活动的影响。 4.初步了解和体会动植物和人们生活的关系。	3.能感知和发现简单物理现象，如物体形态或位置变化等。 4.能感知和发现不同季节的特点，体验季节对动植物和人的影响。 5.初步感知常用科技产品与自己生活的关系，知道科技产品有利也有弊。	物理现象产生的条件或影响因素，如影子、沉浮等。 4.感知并了解季节变化的周期性，知道变化的顺序。 5.初步了解人们的生活与自然环境的密切关系，知道尊重和珍惜生命，保护环境。

教育建议：

1.支持幼儿在接触自然、生活事物和现象中积累有益的直接经验和感性认识。如：

● 和幼儿一起通过户外活动、参观考察、种植和饲养活动，感知生物的多样性和独特性，以及生长发育、繁殖和死亡的过程。

● 给幼儿提供丰富的材料和适宜的工具，支持幼儿在游戏过程中探索并感知常见物质、材料的特性和物体的结构特点。

2.引导幼儿在探究中思考，尝试进行简单的推理和分析，发现事物之间明显的关联。如：

● 引导5岁以上幼儿关注和思考动植物的外部特征、习性与生活环境对动植物生存的意义。如：兔子的长耳朵具有自我保护的作用；植物种子的形状有助于其传播；等等。

● 引导幼儿根据常见物质、材料的特性和物体的结构特点，推测和证实它们的用途。如：带轮子的物体方便移动；不同用途的车辆有不同的结构；等等。

3.引导幼儿关注和了解自然、科技产品与人们生活的密切关系，逐渐懂得热爱、尊重、保护自然。如：

● 结合幼儿的生活需要，引导他们体会人与自然、动植物的依赖关系。如：动植物、季节变化与人们生活的关系、常见灾害性天气给人们生产和生活带来的影响等。

● 和幼儿一起讨论常见科技产品的用途和弊端。如：汽车等交通工具给生活带来的方便和对环境的污染等。

（二）数学认知

目标1　初步感知生活中数学的有用和有趣

3-4岁	4-5岁	5-6岁
1.感知和发现周围物体的形状是多种多样的，对不同的形状感兴趣。 2.体验和发现生活中很多地方都用到数。	1.在指导下，感知和体会有些事物可以用形状来描述。 2.在指导下，感知和体会有些事物可以用数来描述，对环境中各种数字的含义有进一步探究的兴趣。	1.能发现事物简单的排列规律，并尝试创造新的排列规律。 2.能发现生活中许多问题都可以用数学的方法来解决，体验解决问题的乐趣。

教育建议：

1.引导幼儿注意事物的形状特征，尝试用表示形状的词来描述事物，体会描述的生动形象性和趣味性。如：

● 参观游览后，和幼儿一起谈论所看到的事物的形状，鼓励幼儿产生联想，并用自己的语言进行描述。如：熊猫的身体圆圆的，全身好像是由一个个的圆形组成的。

● 和幼儿交谈或读书讲故事时，适当地运用一些有关形状的词汇来描述事物。如：看图片时，和幼儿讨论奥运会场馆的形状，体会为什么有的场馆叫"水立方"，有的叫"鸟巢"。

2.引导幼儿感知和体会生活中很多地方都用到数，关注周围与自己生活密切相关的数的信息，体会数可以代表的不同意义。如：

● 和幼儿一起寻找发现生活中用数字作标识的事物，如电话号码、时钟、日历和商品的价签等。

● 引导幼儿了解和感受数用在不同的地方，表示的意义是不一样的。如：天气预报中表示气温的数代表冷热状况，钟表上的数表明时间的早晚等。

● 鼓励幼儿尝试使用数的信息进行一些简单的推理。如：知道今天是星期五，能推断明天是星期六，爸爸妈妈休息。

3.引导幼儿观察发现按照一定规律排列的事物，体会其中的排列特点与规律，并尝试自己创造出新的排列规律。如：

● 和幼儿一起发现和体会按一定顺序排列的队形整齐有序。

● 提供具有重复性旋律和词语的音乐、儿歌和故事，或利用环境中有序排列的图案（如按颜色间隔排列的瓷砖、按形状间隔排列的珠帘等），鼓励幼儿发现和感受其中的规律。

● 鼓励幼儿尝试自己设计有规律的花边图案、创编有一定规律的动作，或者按某种规律进行搭建活动。

● 引导幼儿体会生活中很多事情都是有一定顺序和规律的，如：一周七天的顺序是从周一到周日，一年四季按照春夏秋冬轮回等。

4.鼓励和支持幼儿发现、尝试解决日常生活中需要用到数学的问题，体会数学的用处。如：

● 拍球、跳绳、跳远或投沙包时，可通过数数、测量的方法确定名次。

● 讨论春游去哪里玩时，让幼儿商量想去哪里玩？每个想去的地方有多少人？根据统计结果做出决定。

● 滑滑梯时，按照"先来先玩"的规则有序地排队玩。

目标2 感知和理解数、量及数量关系

3-4岁	4-5岁	5-6岁
1.能感知和区分物体的大小、多少、高矮、长短等量方面的特点，并能用相应的词表示。 2.能通过一一对应的方法比较两组物体的多少。 3.能手口一致地点数5个以内的物体，并能说出总数。能按数取物。 4.能用数词描述事物或动作。如我有4本图书。	1.能感知和区分物体的粗细、厚薄、轻重等量方面的特点，并能用相应的词语描述。 2.能通过数数比较两组物体的多少。 3.能通过实际操作理解数与数之间的关系，如5比4多1；2和3合在一起是5。 4.会用数词描述事物的排列顺序和位置。	1.初步理解量的相对性。 2.借助实际情境和操作（如合并或拿取）理解"加"或"减"的实际意义。 3.能通过实物操作或其他方法进行10以内的加减运算。 4.能用简单的记录表、统计图等表示简单的数量关系。

教育建议：

1.引导幼儿感知和理解事物"量"的特征。如：

● 感知常见事物的大小、多少、高矮、粗细等量的特征，学习使用相应的词汇描述这些特征。

● 结合具体事物让幼儿通过多次比较逐渐理解"量"是相对的。如：小亮比小明高，但比小强矮。

● 收拾物品时，根据情况鼓励幼儿按照物体量的特征分类整理。如：整理图书时按照大小摆放。

2.结合日常生活，指导幼儿学习通过对应或数数的方式比较物体的多少。如：

● 鼓励幼儿在一对一的配对过程中发现两组物体的多少。如：在给桌子上的每个碗配上勺子时，发现碗和勺多少的不同。

● 鼓励幼儿通过数数比较两样东西的多少。如：数一数有多少个

苹果、多少个梨，判断苹果和梨哪个多、哪个少。

3.利用生活和游戏中的实际情境，引导幼儿理解数的概念。如：

• 结合生活需要，和幼儿一起手口一致点数物体，得出物体的总数。

• 通过点数的方式让幼儿体会物体的数量不会因排列形式、空间位置的不同而发生变化。如：鼓励幼儿将一定数量的扣子以不同的形式摆放，体会扣子的数量是不变的。

• 结合日常生活，为幼儿提供"按数取物"的机会。如：游戏时，请幼儿按要求拿出几个球。

4.通过实物操作引导幼儿理解数与数之间的关系，并用"加"或"减"的办法来解决问题。如：

• 游戏中遇到让4个小动物住进两间房子的问题，或生活中遇到将5块饼干分给两个小朋友的问题时，让幼儿尝试不同的分法。

• 鼓励幼儿尝试自己解决生活中的数学问题。如：家里来了5位客人，桌子上只有3个杯子，还需要几个杯子等。

• 购少量物品时，有意识地鼓励幼儿参与计算和付款的过程等。

目标3　感知形状与空间关系

3-4岁	4-5岁	5-6岁
1.能注意物体较明显的形状特征，并能用自己的语言描述。 2.能感知物体基本的空间位置与方位，理解上下、前后、里外等方位词。	1.能感知物体的形体结构特征，画出或拼搭出该物体的造型。 2.能感知和发现常见几何图形的基本特征，并能进行分类。 3.能使用上下、前后、里外、中间、旁边等方位词描述物体的位置和运动方向。	1.能用常见的几何形体有创意地拼搭和画出物体的造型。 2.能按语言指示或根据简单示意图正确取放物品。 3.能辨别自己的左右。

教育建议：

1.用多种方法帮助幼儿在物体与几何形体之间建立联系。如：

● 引导幼儿感受生活中各种物品的形状特征，并尝试识别和描述。如：感受和识别盘子、桌子、车轮、地砖等物品的形状特征。

● 鼓励和支持幼儿用积木、纸盒、拼板等各种形状材料进行建构游戏或制作活动。如：用长方形的纸盒加两个圆形瓶盖制作"汽车"。

● 收拾整理积木时，引导幼儿体验图形之间的转换。如：两个三角形可组合成一个正方形，两个正方形可组合成一个长方形。

● 引导幼儿注意观察生活物品的图形特征，鼓励他们按形状分类整理物品。

2.丰富幼儿空间方位识别的经验，引导幼儿运用空间方位经验解决问题。如：

● 请幼儿取放物体时，使用他们能够理解的方位词。如：把桌子下面的东西放到窗台上，把花盆放在大树旁边等。

● 和幼儿一起识别熟悉场所的位置。如：超市在家的旁边，邮局在幼儿园的前面。

● 在体育、音乐和舞蹈活动中，引导幼儿感受空间方位和运动方向。

● 和幼儿玩按指令找宝的游戏。如：对年龄小的幼儿要求他们按语言指令寻找，对年龄大些的幼儿可要求按照简单的示意图寻找。

五、艺术

艺术是人类感受美、表现美和创造美的重要形式，也是表达自己对周围世界的认识和情绪态度的独特方式。

每个幼儿心里都有一颗美的种子。幼儿艺术领域学习的关键在于充分创造条件和机会，在大自然和社会文化生活中萌发幼儿对美的感受和体验，丰富其想象力和创造力，引导幼儿学会用心灵去感受和发现美，用自己的方式去表现和创造美。

幼儿对事物的感受和理解不同于成人，他们表达自己认识和情感的方式也有别于成人。幼儿独特的笔触、动作和语言往往蕴含着丰富的想象和情感，成人应对幼儿的艺术表现给予充分的理解和尊重，不能用自己的审美标准去评判幼儿，更不能为追求结果的"完美"而对幼儿进行千篇一律的训练，以免扼杀其想象与创造的萌芽。

（一）感受与欣赏

目标1　喜欢自然界与生活中美的事物

3-4岁	4-5岁	5-6岁
1.喜欢观看花草树木、日月星空等大自然中美的事物。 2.容易被自然界中的鸟鸣、风声、雨声等好听的声音所吸引。	1.在欣赏自然界和生活环境中美的事物时，关注其色彩、形态等特征。 2.喜欢倾听各种好听的声音，感知声音的高低、长短、强弱等变化。	1.乐于收集美的物品或向别人介绍所发现的美的事物。 2.乐于模仿自然界和生活环境中有特点的声音，并产生相应的联想。

教育建议：

1.和幼儿一起感受、发现和欣赏自然环境和人文景观中美的事物。如：

● 让幼儿多接触大自然，感受和欣赏美丽的景色和好听的声音。

● 经常带幼儿参观园林、名胜古迹等人文景观，讲讲有关的历史故事、传说，与幼儿一起讨论和交流对美的感受。

2.和幼儿一起发现美的事物的特征，感受和欣赏美。如：

● 让幼儿观察常见动植物以及其他物体，引导幼儿用自己的语言、动作等描述它们美的方面，如颜色、形状、形态等。

● 让幼儿倾听和分辨各种声响，引导幼儿用自己的方式来表达他对音色、强弱、快慢的感受。

- 支持幼儿收集喜欢的物品并和他一起欣赏。

目标2 喜欢欣赏多种多样的艺术形式和作品

3-4岁	4-5岁	5-6岁
1.喜欢听音乐或观看舞蹈、戏剧等表演。 2.乐于观看绘画、泥塑或其他艺术形式的作品。	1.能够专心地观看自己喜欢的文艺演出或艺术品，有模仿和参与的愿望。 2.欣赏艺术作品时会产生相应的联想和情绪反应。	1.艺术欣赏时常常用表情、动作、语言等方式表达自己的理解。 2.愿意和别人分享、交流自己喜爱的艺术作品和美感体验。

教育建议：

1.创造条件让幼儿接触多种艺术形式和作品。如：

- 经常让幼儿接触适宜的、各种形式的音乐作品，丰富幼儿对音乐的感受和体验。
- 和幼儿一起用图画、手工制品等装饰和美化环境。
- 带幼儿观看或共同参与传统民间艺术和地方民俗文化活动，如皮影戏、剪纸和捏面人等。
- 有条件的情况下，带幼儿去剧院、美术馆、博物馆，欣赏文艺表演和艺术作品。

2.尊重幼儿的兴趣和独特感受，理解他们欣赏时的行为。如：

- 理解和尊重幼儿在欣赏艺术作品时的手舞足蹈、即兴模仿等行为。
- 当幼儿主动介绍自己喜爱的舞蹈、戏曲、绘画或工艺品时，要耐心倾听并给予积极回应和鼓励。

（二）表现与创造

目标1　喜欢进行艺术活动并大胆表现

3-4岁	4-5岁	5-6岁
1.经常自哼自唱或模仿有趣的动作、表情和声调。 2.经常涂涂画画、粘粘贴贴并乐在其中。	1.经常唱唱跳跳，愿意参加歌唱、律动、舞蹈、表演等活动。 2.经常用绘画、捏泥、手工制作等多种方式表现自己的所见所想。	1.积极参与艺术活动，有自己比较喜欢的活动形式。 2.能用多种工具、材料或不同的表现手法表达自己的感受和想象。 3.艺术活动中能与他人相互配合，也能独立表现。

教育建议：

1.创造机会和条件，支持幼儿自发的艺术表现和创造。如：

● 提供丰富的便于幼儿取放的材料、工具或物品，支持幼儿进行自主绘画、手工、歌唱、表演等艺术活动。

● 经常和幼儿一起唱歌、表演、绘画、制作，共同分享艺术活动的乐趣。

2.营造安全的心理氛围，让幼儿敢于并乐于表达表现。如：

● 欣赏和回应幼儿的哼哼唱唱、模仿表演等自发的艺术活动，赞赏他独特的表现方式。

● 在幼儿自主表达创作的过程中，不做过多干预或把自己的意愿强加给幼儿，在幼儿需要时再给予具体的帮助。

● 了解并倾听幼儿艺术表现的想法或感受，领会并尊重幼儿的创作意图，不简单用"像不像""好不好"等成人标准来评价。

● 展示幼儿的作品，鼓励幼儿用自己的作品或艺术品布置环境。

目标2 具有初步的艺术表现与创造能力

3-4岁	4-5岁	5-6岁
1. 能模仿学唱短小歌曲。 2. 能跟随熟悉的音乐做身体动作。 3. 能用声音、动作、姿态模拟自然界的事物和生活情景。 4. 能用简单的线条和色彩大体画出自己想画的人或事物。	1. 能用自然的、音量适中的声音基本准确地唱歌。 2. 能通过即兴哼唱、即兴表演或给熟悉的歌曲编词来表达自己的心情。 3. 能用拍手、踏脚等身体动作或可敲击的物品敲打节拍和基本节奏。 4. 能运用绘画、手工制作等表现自己观察到或想象的事物。	1. 能用基本准确的节奏和音调唱歌。 2. 能用律动或简单的舞蹈动作表现自己的情绪或自然界的情景。 3. 能自编自演故事，并为表演选择和搭配简单的服饰、道具或布景。 4. 能用自己制作的美术作品布置环境、美化生活。

教育建议：

尊重幼儿自发的表现和创造，并给予适当的指导。如：

● 鼓励幼儿在生活中细心观察、体验，为艺术活动积累经验与素材。如：观察不同树种的形态、色彩等。

● 提供丰富的材料，如图书、照片、绘画或音乐作品等，让幼儿自主选择，用自己喜欢的方式去模仿或创作，成人不做过多要求。

● 根据幼儿的生活经验，与幼儿共同确定艺术表达表现的主题，引导幼儿围绕主题展开想象，进行艺术表现。

● 幼儿绘画时，不宜提供范画，特别不应要求幼儿完全按照范画来画。

● 肯定幼儿作品的优点，用表达自己感受的方式引导其提高。如："你的画用了这么多红颜色，感觉就像过年一样喜庆""你扮演的大灰狼声音真像，要是表情再凶一点就更好了"等。